빗방울들의 수다

오영록 시집

시인의 말

모과처럼
단맛도
꿀맛도 아닌
그렇다고 신맛도 아닌
떫은 듯 시큼털털하니 거북한

그냥 먹을 수도
술을 담글 수도 없는

어디 한군데 반반한 곳도 없고
제멋대로 울퉁불퉁
마구 생긴

하지만,
어느 부잣집 거실이나
어느 선비 서재 귀퉁이는 아니더라도
어느 청춘 냄비 받침이거나
어느 촌부 청측에
걸려

조용히 삭아지고 싶은

차 례

차 례

2부 아지랑이 울타리

차 례

3부 허공의 상처

차 례

4부 나의 풍경

차 례

5부 잠자리 꽃

1부
고등어자반

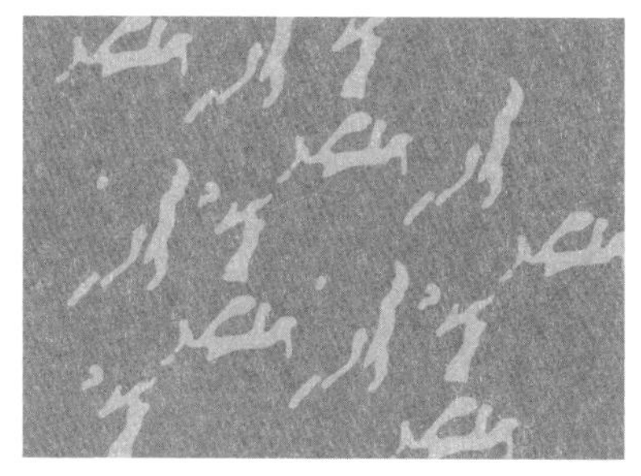

나비의 순장(殉葬)

바람의 장례를 보고 있다
언제 죽었는지 알 수 없는 나비의 죽음
지난번 날개를 편 채 죽었던 잠자리 날개 밑에서
웅성거렸던 한 무리
사인은 저 날개를 떠받치고 있던 바람의 죽음 때문에
추락사한 것이다
날개를 나르던 바람도 유한의 생명이어서
날개의 죽음이 있는 것
날개 밑에 모인 저 웅성거림
어쩌면 저 무리가 바람의 조상일지 모를 일
나비 날개의 넓이만큼 흙을 뒤집어
봉분을 만들고 있다
주검을 가만히 들어 올리자 날개 밑으로
흐르는 이 고요
바람의 죽음이 틀림없다
날개에 바람이 이는 것이 아닌
바람에 날개가 날았던 것
그것에 대한
날개의 보은(報恩)이다

길

할머니가 구부정한 길을 구부정하고 걸어가고 있다
그 뒤
거리를 일정하니 할아버지가 천천히 따라가고 있다
그 사이로 잠자리도 날고
나비도 날아가고 참새들도 날았다
꽃에서 꽃으로 난 길
나뭇가지에서 나뭇가지로 난 길
잠시 멈춰 허리를 펴고 가는 할머니
할아버지도 그곳에 와서 허리를 한번 편다.
저들이 다니는 길 허물어질까 봐
저리 수그리고 가나 하는데
이번엔 멈춰 서서
아래를 자세히 보고 있다
지렁이며 개미며 풍뎅이가 닦아놓은 길
그 길 무너지면 저들 집에 들지 못할까 봐
아침에 나섰던 길
또박또박 찾아가시는 할머니
눈이 침침해져야 보이는 저길
뉘게도 보이지 않는 저길
아무리 봐도 보이지 않는
사랑이 오가는
저 길

고등어자반

좌판에 진열된 간 고등어
큰놈이 작은놈을 지그시 껴안고 있다

망망대해를 헤엄치던 수많은 인연 중
전생이 부부였던지 죽어서도 한 몸이다
부부로 산다는 것이
고행임을 저들도 알고 있는지
겹으로 포개진 팔 지느러미로
고생했다고, 미안하다고
가슴을 보듬고 있다

죽어서 이제야 이룬 온전한 부부의 연을
묵묵히 받아내는 모습이다
배를 열어보니
아내처럼 텅 비어 있다

마지막까지 온전히 보시해야
열반에 드는 것인지
소금사리
와스스 쏟아진다.

빗방울들의 수다

소리 귀를 닫아야 들린다는 말에 끝 숨까지 참다 보니
이상한 귀가 열렸지

바람을 모아 이슬을 만드는 풀잎 소리
책장 넘어가는 듯 들리는 꽃망울 열리는 소리
건기에는 허기진 뿌리의 목마름이 들렸지

어쩌다 여우비라도 오면 모두가 춤을 추었는데
그것은 갈증 해소에 흥이 아니라
빗방울들의 수다였던 거지

비가 오는 모습은 마구 흩뿌리는 것 같아도
바람을 타고 앉아 눈처럼 정해진 길로 오고 있었지
원뿔꼴에 긴 꼬리가 있어
자궁을 향하는 홀씨처럼 꼬리가 흔들리며
바람에 날릴 때마다 소리가 났던 거지
그것이 저들의 언어였던 거야

양철지붕으로 혹, 갈대밭으로
초원의 누 떼처럼
벌떼처럼 무리 지어 다니며
수다를 떨지

싯싯싯
슷슷슷
사사사

고구마를 캐다

송편 소로 캔 고구마
넝쿨과 붙어 있던 자리에서 하얀 진액이 흐르더니
이내 까맣게 딱지가 생기며 상처가 아물고 있다
어미와 막 헤어진 상처,
첫울음이 고여 있는 배꼽이다

나의 배꼽도 따라 욱신거리는 것이
나도 어머니가 있었다는 증거
탯줄이 잘렸을 그때
나도 저 고구마처럼 스스로 상처를 말렸을까

자족하기까지 기르고 자른 또 하나의 탯줄
심장 한 편에 고구마 진액처럼 말라붙은 딱지가
가끔 신경통처럼 욱신거렸다

이제 고구마를 캔 넝쿨은
둘둘 말려 밭둑에 버려졌다가 거름이 되거나
소나 말의 먹이로 쓰일 것인데
시들어 가는 넝쿨이
쪼그라든 어머니 젖꼭지 같다

송편 소를 보니
와스스 햇빛이 쏟아질 것 같다
이 빛을 모으기 위해
얼마나 어둠은 허둥댔을까

구멍 난 어머니 고무신 같은

자벌레

산책길 가슴께 붙은 자벌레 한 마리
늘렸다 옴츠렸다 하는 모습이
막대로 거리를 재는 듯하다

부지런히 오가는 모습이
아무래도 내 마음을 재고 있다
그동안 쌓은 덕의 높이를 재는 모습인데
가끔 머리를 휘저으며 무엇인가
확인하듯 살펴보기도 하고
한참씩 망설이기도 하는 모습이
선악의 넓이를 재고 있다

한참을 오가던 자벌레
어찌 된 일인지
꼼짝도 하지 않는다
그동안 행한 선 앞에서
잴 것이 없는 모양이다

저 작은 자벌레의
한 키도 될 수 없는
선행이었는지
꼼짝도 하지 않고 있다.

눈물의 무게

눈물을 흘린 뒤 체중계에 올라보니
저울추가 기울고 있다

한 방울에 저울추가 움직이다니
세상에서 가장 무거운 것이
바위도 쇳덩이도 아닌 눈물이었다니
이 무거운 것이 몸속에 있었다니
슬프면 가슴이 답답하고 아팠던 이유라니

한참 울고 나면 무엇인가 빠진 듯
가슴이 뻥 뚫릴 듯 허전하였던 것이
눈물의 무게 때문이었다니
눈물을 쏟아낼 수 없었다면
쓰러져 일어날 수 없었을 것이라니

슬픔도 꽃을 피우는데 그 열매가 눈물이었다니
눈물은 슬픔의 싹을 틔우지 않고
망각이라는 꽃을 피우기에
심장이 살아갈 수 있다니

기쁠 때 흐르는 눈물은 슬픔을 가장한 허구여서
몸무게가 줄지 않는다니
가슴이 무거우면 아무 눈치 보지 말고
가끔은 마구 울어 볼 일이라니

빛의 조각(彫刻)

램프를 갈아 끼는 순간
구석이 소란스럽다
어둠의 구습에 젖은 구석의 주인이 바뀌는 순간
패잔병처럼 쫓겨나는 어둠이
부동자세로 빛의 사열을 받고 있다

구석의 통치자는 물러났으나
구석으로 밀려든 것은
희열과 환희 대신 불안과 공포였다

어둠이 이렇게 포근하였다니
모나고 각 졌던 모든 것을
아늑하게 품어내고 있었다니
어둠이 있던 자리마다
살아나는 저 예리한 각들

삶도 저리 투명하고 밝기만 하다면
사랑보다 아픔이 많을 것 같다.
날선 것들을 감싸내고 있었던 어둠
그리하여 침묵할 수 있었던 저 구석

사랑이 어둠을 좋아하는 것도
어쩌면 각이 없기 때문일 지도 모른다.
어둠이 둥그렇게 생겼으므로 베고 누워
편히 잠잘 수 있었나 보다

하지만 어둠이 둥그럴 수 있었던 것은
어둠을 쉼 없이 다듬고 있는
저 빛 때문이다

틈

손을 넣으면 무언인가 덥석 물것 같지만
틈은 언제나 따스하다
마음 한 올 살살 풀어 넣으면
파랗게 싹이 돋아 하늘거릴 것 같다
아스팔트 틈에서 민들레가 자라듯
어쩌면 모든 생명이 태어나는 곳이다
궁지에 몰렸던 벌레가 쏙
생명을 부지할 수 있는 안식처인 틈
나도 툭하면 그 틈에 숨었다
세상에 틈이 없다면 야수 같은 이빨이 쫓아올 때
숨이 턱을 넘어오면 어쩔 것이며
도망칠 곳 없는 담벼락뿐이라면 어쩌겠는가?
마음을 쪼개 틈을 만들기로 했다
지나가던 방아깨비도 잠시 쉬어가고
개미도 잠시 피해 갈 수 있게
나무도 한그루 심어놓고
밑동에 구멍 하나쯤 만들어야겠다
완벽하지 않은 엉성한 마음들이 서로의 틈에서
아끼고 감사는 마음으로 뿌리를 내리듯이
빛이 자라고 바람이 자라 꽃을 피울 수 있는 틈
먼지 하나 받아내지 못하는 벽
하지만 먼지에마저 둥지를 허락하는 틈
그 좁은 틈엔 따스한 심장이 있다.

씨감자

겨울을 이겨낸 감자
씨눈마다 골고루 살점을 분배하는 것이 씨감자를 따는 일
어쩌면 유산이다
배분이 적으면 부실하거나 죽고 마는 씨눈
한쪽이 많으면 한쪽이 적어지기에
첫 칼집이 중요하다

어머니 품을 떠나던 그 기억이
생감자 아린 향같이 코끝을 스친다.
씨눈도 생존하기 위하여 어미의 육신을 조금이라도 더
차지하려 애썼을까

눈마다 몫으로 받아 든 어미의 살점을
먹으며 살아가는 씨감자처럼 나도 그랬다
씨눈이 많으면 많을수록
감자는 더 여러 갈래로 쪼개지듯이
7남매 출가시킨 어머닌 천만 갈래로 나누어졌겠다.
이제 어머닌 씨눈 하나 없는 감자 속이다

씨감자에 뿌리가 생기기 시작하면
스스로 썩어 자양분이 되어주는 어미 감자
어머니 살점을 먹고 산 기억은 까맣게 잊고
내 씨알만 키우고 있다.

정독하다

지난 신문을 꼼꼼히 읽은 사내가 있다
이미 알고 있거나 과거인 기사
몇 번이나 읽고 또 읽었는지 녹화 방송을 보듯 다리를 꼬고 누워
발가락을 꼬물거리며 읽는다

현재 진행형 기사도
읽었던 만화책을 다시 읽듯
외계의 사건인 양 그에겐 의미가 없다

훅훅 끼치는 콩기름 잉크에 가끔 입맛만 다실 뿐
기사보다 급한 것이 허기겠지만
이제 그것도 만성이 된 듯
급한 허기를 냄새로 달래고 있다

아직 온기가 남아 있는 사회면을 스크랩하듯
슬그머니 잡아당겨 엉덩이가 깔고 눕는다
훈훈한 기사로 냉기를 막아보려는 것이
정독하는 이유란다

하지만 어제도 그랬고 그제도 그랬듯이
톱뉴스는 늘 서늘했다

경제면이 지붕이 되기도 하였다가
스포츠면은 출입문이 되기도 하지만
작은 바람에도 쉬 무너지고 마는
저 기와집

놀란 눈

어물전 좌판, 갈치며 꽁치며 고등어가
눈을 동그랗게 뜨고 죽었다
한 생이 너무 허무해서일까
아니면 일터에 나왔다가 잡혀 올라올 때
가족을 만나지 못해서일까 하다가
자세히 보니 저들 눈동자에 내 모습이 보였다

처음 그물이 올라올 때 만났던 어부의 모습도 나와 같았다
사람의 모습이 얼마나 흉측했으면
눈을 감지도 못하고 죽었을까
옆에 놓인 왕새우를 보니 눈이 밖으로 튀어나왔다

하기야 두 다리 직립보행도 처음 보았을 것이고
지느러미도 없이 두 팔로 허적허적 바람을 저으며
다니는 괴물을 본 적도 없었을 것이고
선한 표정 속에 감추어진 날로 먹는 식성도 처음 보았을 테니
어찌 놀라지 않을 수 있겠는가
깊은 바다에서 올라오는 물고기 부레가 터지는 것은
기압 차가 아닌 상상도 못했던
흉측한 사람들 모습에 놀라 터졌던 거다

집에 와 어항을 보니 매일 보는 놈들인데도
눈이 동그랗다.
이제 좀 무뎌질 만도 한데 워낙 흉측한지라
매일 봐도 어쩔 수 없나 보다

명주잠자리

자기 호흡에도 흔들리는
야위다 야윈 몰골로 삭정이를 걱정하며
앉아 있는 눈뿐인 얼굴

다가서는 나의 그림자에
경보가 발령되고 블랙홀같이 확장되는
잠자리 동공으로 빨려들었다
걸음을 뗄 때마다 쿵쿵 울리는 공명
거꾸로 맺히는 몸 밖 나의 영상이 스핑크스처럼 웅장하다.
머리를 흔들어보지만
밖의 나는 흔들리지 않았다

각막을 통해 투사되는
또 하나의 새로운 세상
넓게 확보된 시각으로 들어오는 안전성
바람의 연동까지 볼 수 있는 선명함
나뭇잎의 광합성에
풍선같이 동그란 물방울들이 안개처럼
들숨과 날숨을 따라 일렁이고 있다

여울목에 비치는 햇빛이
실루엣 같은 날개에 굴절이 되어
무지개가 서고 있다

별의 문장

하늘 가득한 문장을 본 적 있다
지평선에서 지평선까지
숨 막히게 써 놓은 장문
가끔 큰 글씨로 주석을 다시고
곰이나 국자 모양의 삽화도 쳐 놓으셨다
밤새 읽어도 못다 읽을 저 경문
사서삼경에 주역까지 풀어놓으시고
불경에 시편까지 써 놓으셨다
일필휘지로 하늘 가득 쳐 놓았던 장문도 눈만 감으면
한순간에 다 지우셨다가
실눈을 뜨면 뜬 만큼만 다시 써주시고
가끔 중요한 문장에서는
유성으로 밑줄까지 그으시며 강조하시는 말씀
하고 싶은 말이 많은 날은 은하로 써 놓았다가
내가 게으름을 피우면
뭉게뭉게 지우기도 하고
가끔 공휴일같이 단 한 말씀도 안 하는 날도 있다
해 질 녘 서쪽 하늘부터
안녕, 안녕하며 첫 문장을 쓰시는데
섭렵이 짧아 다 읽을 수 없지만
내 도량만큼
내 그릇만큼만 써 놓으시는

박치기

박치기를 한다.
가슴이 차가운 사람하고
그래야 더 뭉클하다

박치기를 하고 나면
딱딱하던 가슴도 와르르 무너지고
서늘하던 가슴도 따스해진다

낯을 많이 가리는 가슴은
쉽게 허락하지 않는 것이 흠이지만
속으론 더 많은 가슴을 원하고 있다

사랑한다는 말이 간지러울 때
존경한다는 말이 쑥스러울 때
변치 말자는 말을 꼭 하고 싶을 때
감사하다는 말이 간지러울 때
박치기를 한다

쿵쿵 가슴이 울리도록
쿵쿵 가슴이 무너지도록
쿵쿵 가슴이 서로 바뀌도록

하면 할수록 따스해지는
가슴 박치기

하구(河口)

은빛으로 부서지는 하구를 본 적 있다
강이 바다가 되는 곳
강물이 바닷물이 되는 곳
하나인 듯 둘인 듯 한 저것

얼마나 뒤척여야 하나가 되는지
은빛으로 부서지는 저들
바닷물이 짠 이유가 저 몸부림일까

밀고 밀리는 여울과 파도
끝없이 나이고 싶은 강물
끝없이 나이길 바라는 바다
숙명으로 하나가 되어야 하기에
부서져야 하는 저들
심해에서 밀려오는 거친 파도가
강의 여울을 토닥이고 있다

내가 아닌
너도 아닌
우리로 살기 위해 부서지는 저 아우성
강의 가슴인
바다의 가슴인 하구(河口)가
서럽게 뜨겁다

위험한 감상

강둑에 팔베개로 누워 동공이 풍경을 그리고 있다

수면을 경계로 보이는 진상眞相과 가상假像
진상을 따라 대칭으로 가상의 날개를 키우는
한 마리 나비

한쪽 날개가 천국이라면
또 다른 한쪽은 지옥의 날개를 가진 나비
물과 땅이 맞닿아 하나가 된 몸
진상을 흔들어 보겠다고
악다구니로 여울져 보는 가상이지만
불변의 진실은 흐트러지지 않는다

양날의 칼 같은 나비의 심장
그 중심에 나라는 자아(自我)가 있고
진상(眞想)과 가상(假相) 같은
진실과 허위가 물결치듯
경계에서 내가 일렁이고 있다

완충장치

평소 말이 곱지 않던 사람이기에
별말도 아닌데 언성이 높았다
그냥 넘어갈 수도 있었지만
퉁명스레 받다 보니 제법 시큰거렸다

몸보다 가슴이 더 아렸다

닳아 없어지는 것이 연골만이 아니었는지
마음도 사소한 부딪침이 잦으니
연골 같은 것이 없어졌나 보다

마음에도 물렁뼈 같은 것이 있어
웬만한 말은 받아 넘길 수 있는 것인데
오랫동안 부딪치다 보니
완충장치가 얇아졌나 보다

체중을 줄여야 관절의 통증이 줄듯
이웃과 아프지 않으려면
마음을 가벼이 해야 하나보다

파도

언젠가 나를 훑고 갔던
바람이거나 구름인 저 파도

갈기를 휘날리며 앞굽을 세워보지만
편자를 받지 못해
금세 무릎 꿇고 마는 망아지

수평선 채찍에 화들짝
말총을 세우고 허공을 차지만

천 년을 뭍에 오르지 못한
야망의 헛발질

비 오는 날 한 번쯤

비와 말을 섞어 보지 않고는 모른다
하나님도 목사를 통하여 말씀을 전하고
부처님도 목어로 비움을 설법하듯
빗방울도 스스로 말하지 않고
가랑잎을 혹은 양철지붕을 두드리던지
넓은 가로수 잎사귀를 빌리던지
연못에 동그라미를 그리든지 하여 말하고 있는데
우리는 눈과 귀가 닫혀
안이비설신의(眼耳鼻舌身意)의 고락사(苦樂捨)와
선악(善惡) 등 현재 과거 미래의 상념인
욕망에 대한 경전을 보지도 듣지도 못하고 있다
가랑비로 가랑잎에 쓰는 말
보슬비로 풀잎에 쓰는 말
소나기로 우산에 쓰는 경전
는개비의 조용한 가르침을
우매하여 보지 못하고 듣지 못하니
비 오는 날 한 번쯤 우산을 쓰지 말고
맨 몸으로 걸어볼 일이다.
비는 아무 때나 아무 날이나 오지 않는다
꼭 할 말이 있을 때만 온다.

2부

아지랑이 울타리

눈물

한참을 울고 나니
눈물자국이 남았다

얼룩을 보니
서릿발 같은 뼈가 있다
마음의 뼈

눈물이 나오기 전
욱신거렸던 가슴은
심장이 녹는
통증이었다

그저 감정이거니
영혼이거니 했던
눈물이
심장의 뼈였다

토룡(土龍)

땡볕 김을 맨다.
호미의 고도가 정점을 통과하려는 찰나
도착점에 꼼지락거리는 생명이 보였다

후백제 견원의 조상이었다는 영물의 선비 한분
사모(紗帽) 정제하고 묵독(默讀) 중인데
이미 낙하를 시작한 호미 날은
먹이를 향해 하강하는 수리의 부리다

날개가 없었으므로 멈출 수 없는 호미는
몸을 두 동강 내고서도
한참을 지나서야 멈췄다

흙이 몸이었던 저 선비
생명이 흙인 저는 역시 영물이었던지
그제야 잘린 제 몸을 보고
피로 흙을 뿌린다

얼마나 수도를 하면
저 고통에도 저렇게
비명 한번 지르지 않을 수 있을까?

따로 따로 봉분을 만들어주니
하나였던 무지개
쌍으로 뜬다

달의 시원

어둠이 빛을 먹고 있다
턱관절을 푼 뱀처럼 빛의 꼬리를 물었다
어둠의 독이 빛의 몸으로 퍼지는지
발버둥 한번 없이 먹히고 있다

태양이 버둥거릴수록 어둠이 이빨을 세웠으므로
태양은 붉은 피를 토했다
눈은 그것을 노을이라며
볼 수 없던 태양의 몸을 더듬었다

풍선처럼 부풀던 어둠은 먼저
계곡이나 골목으로 용암처럼 흘러들었다
태양의 꼬리가 마저 쏙 빨려드는 순간
나도 함께 어둠의 입으로 미끄러졌다

천지를 통째로 삼킨 어둠의 뱃속은
미동도 없이 고요하다
전갈도 먹히고 곰도 먹혔는지
저들 눈빛만 초롱초롱하다
방금 먹힌 태양이 어둠 한가운데 둥둥 떠 있다

절값

이앙기로 모내기한 논에
빈곳을 찾아 모를 잇고 있는 농부

앞산을 향하여
동네 어귀 장승을 향하여
뒷산 바위를 향하여
절을 하다가
별에 까지 하고야
삼만 배(拜)를 채웠는지
논을 나오는 농부

모가 무엇을 안다고
저토록 절을 했을까?

농부는 절값으로
낟알을 받는가보다
한 톨이라도 더 받으려
하루 왼 종일 절을 했나 본데
그 절값으로 받은 쌀을

우리는 거저인양
절도 안 하고 먹는다.

누룽지 레시피

쌀을 안치고 플러그를 꽂자 금세
칙칙 딸랑딸랑
무엇인가 빠져나가고 있다

여름내 분주했던 논두렁 개구리 소리
메뚜기 이슬 먹던 소리
잠자리 투명한 날갯짓소리
빙그르 불방개 헤엄치던 모습도
농부의 콧노래
따갑던 햇볕
시원했던 산바람
와스스 쏟아지던 소나기
두엄 썩는 비리비리한 논바닥 냄새
재잘대던 참새 떼 소리가 놀란 듯
화드득 날고 있다

디딜방아로 겉껍질만 슬쩍 쓿어
가마솥에 솔가지 불로 은은히 어르고 달래야
저들의 소리, 저들의 모습이
도망치지 못하고
노릇노릇
구워지는 것인데

아지랑이 울타리

이른 봄 뒤란 서성이다가
화들짝 놀랐습니다.

무심코 디딘 걸음에
채송화, 맨드라미, 봉선화, 백일홍
고 어린것들이
배시시 올려다보고 있었습니다.

투박한 이 걸음에
얼마나 많이 상할지 몰라
한참을 꼼짝할 수 없었습니다.

오늘 같은 봄날엔
들길도 조심하라고
꼭 그러라고
아지랑이가
울타리를 칩니다.

아가리

오늘이 소리 없이 씹히고 있다
어제는 이미 목구멍으로 넘어갔다
아무도 비켜갈 수 없는 이 아가리
무릎 꿇고 기도할 뿐이다
통증 없이 씹어 삼키는 괴물
가끔은 기억마저 먹어치우는 저 어금니
눈을 뜨고 통째로 씹히면서도
아가리가 너무 커 아가리인 줄 모르고 씹힌다
발버둥 쳐도 소용없다
권력도 명예도 다 소화하는 위장
그리고 역사라는 똥만 찔끔 누는 짐승
사슴의 눈망울을 닮은 가여운 상처도
어금니를 비켜갈 수는 없어 과거가 되지만
어제가 오늘이 되는 되새김은 없다
수많은 웃음과 아픔을 다 먹어치우고
트림 한번 하지 않는 이 짐승은 배가 얼마나 큰지
삼키고 삼켜도 식탐은 끝이 없다
얼마나 먹어야 멈출 것인지
멈추기는 할 것인지
무색무취 무형인 이 짐승
투명하여 보이지 않으나 코앞에 실존하는 이 아가리
블랙홀 같은 아가리가 쩌~억

모란

일렁이는 사람들이 밀림이다
가만있어도 밀려다니는 발이 얽히고설킨 뿌리 같다
살아남기 위해 서로 빨아대는 생존의 몸부림
나무토막 하나 쓰러져 있다

배밀이로 다니는 나무
잘린 다리로 쏟아지는 시선
그 시선을 먹고 사는 나무
없는 다리가 뿌리인 나무
나이테가 다 닳아 없어진 저 사내는
마른 땅에 꺾꽂이 된 나무다

잎을 피우기 위해 생가지로 길어 올려야 하는 수액
꽃망울은 몇 개나 맺혔을까?

밀림으로 어둠이 내리듯 썰물처럼 빠지는 장터
뒷정리를 하는 듯
바닥을 쓸며 나오는 몸뚱이

더는 쓰러질 곳이 없어서
태풍이 불까
가지가 부러질까 걱정하지도 않는 얼굴
온몸이 뿌리여서 목마름에
안달하지 않는 저 나무

단풍

트랙터 사용료 삼마넌
밑거름 퇴비 오처넌
비니루 씌운 값 품값 빼고 마넌
웃거름으로 요소비료 칠처넌
살충제 값 팔배권
제초제 이처넌
종잣값 삼천 이배권
농사꾼 품값은 치지도 말라고
빈둥대면 뭐하나
노느니 염불한다고 눈 오는 날
훑으면 되니 탈곡비도 빼도
도합 오만 팔처넌
풋옥수수 여남은 통 삶아 먹은 것 빼고
오만 오처넌 나왔으니
또 뺄건 글씨다
잘못한 것이라곤 천직으로 흘린 땀뿐인데
씨 값이 또 모자라니
올해도 가을산은 여지없이 붉겠다.

수묵화(水墨畫)

한밤, 아랫집 백구 손님맞이 하는지
컹컹 잠을 깨운다
울화가 쪽 창으로 머리를 내미는 순간,
한 폭 묵화다

저놈 홀로, 감상하기 아까웠나 보다
낮의 분주함을 다 버리고
명암으로만 새 생명을 얻은 환골탈태다

허공에 걸린 달이 빈대떡으로 보였던지
침까지 질질 흘리고 있다
화폭 속의 백구가
아비규환을 내려놓은 중생이다

이슬의 뼈를 세우던 안개가
실개천을 휘돌아 머리띠로 두른 산 중턱으로
철새의 이른 날갯짓이 먼 길을 재촉하듯
밑그림 속을 허적허적 난다

어둠이 배접하듯 잠시 더 우묵해지고
개밥바라기별
낙관을 찍는다.

캐리커처(caricature)

이력서를 그린다
순간의 투사로 긴 생을 읽어 대필한다
살아온 세월을 세우는 뼛속

앞서 그려진 사람은
손가락도 발가락도 웃고 있다
가슴에 그려진 하트도 붉다
굳이 말하지 않아도 예수를 닮았다.
어떻게 알았던지 속옷까지 채색하는 화가
원근의 깊이로 보아 걸어온 길은 험하지만
채도가 밝은 것으로 보아 천상(天賞)이다

내 차례다
한 치 망설임 없이 읽어내는 화가
화려하지도 우아하지도 않은 이력
작은 종이 한 장도 다 채우지 못하는 삶이다
어쩌면 전생까지 읽어 내는 독심술 앞에
더 작아진다

부끄러운 과거 한 귀퉁이 빼달라고 했다.
빼기는커녕 가슴께 하트를 채색하지 않는다.
명암이 짙어질 때마다 투명해지는 과거
점점 선명해지는 주름진 마음
인자한 눈에 미소 좀 부탁하자니
천기누설이라며
완강히 거부하는 대필업자

달콤한 응어리

고구마 농사를 짓다 보니 참 어처구니없다
구근 식물이라는 이유로
웃자라도 안 되고 헛뿌리를 내려도 안 돼서
못살게 괴롭혀야 열매가 굵었다

가만두면 넝쿨 마디마디 뿌리를 내리고
고구마가 열리지 않았다
참 바보다
뒤집힌 대로 가만있으면 또 뒤집히지 않을 텐데
벌레처럼 다시 몸을 뒤집고
또 슬금슬금 기어간다

옆 포기는 고사하고 이랑 건너 포기와도
얽히고설키기 일쑤여서
며칠만 지나면 또 한그루처럼 뒤엉킨다
밟기도 밟히기도 하며 경계를 허물고 사는 저들
조금 구부려주기도 조금 비켜가기도 하는 저들
그렇게 살 비비며 하나로 뒤엉켜 사는

그런 아름다운 삶 앞에 꼭 심술을 부려야 하는
이 이기심에
저들이 불끈 주먹을 쥐는
가슴앓이였다
남의 응어리가 이렇게 달콤하다니

야화(夜花)

남한산성 지휘소였던 수어장대에 올라
서울야경을 내려다보노라면
쭉 뻗은 가락시장 앞 8차선 대로에
오가는 차들 전조등이
꽃대를 오르내리는 수액 같다

굵은 가지에서 잔가지로 갈라지듯
양재로 분당으로 갈라지는 복정동 사거리
2차선으로 갈라졌다가
꼬부랑꼬부랑 골목으로 들어서는 불빛

일년생 가지에서 꽃이 피듯
어둠은 지하부터 찾아오는 것인지
안개꽃같이 희미한 빛이 새는 태평동 지하방
깨꽃 같이 층층 가락아파트 불이 들어오고
금가루라도 뿌린 듯 유흥업소 네온도 켜지고
장미꽃처럼 켜지는 종탑

옥탑 방에도 딸깍 도라지꽃 망울이 터지니
드디어 도시는 한 아름 꽃다발이다
꽃말은
아름다운 이 밤이 가기 전에

농부 K

특보로 연일 헉헉거리는 염천에
K는 옥수수 밭에 무릎을 꿇는다
그늘이며 바람마저 사치라는 K
알몸으로 사투를 벌이고 있는 저들의 발등에
입을 맞춘다

씨를 뿌린 죗값이라니,
가혹하다
널름거리는 독사 혓바닥 같은 불볕에
저들이 맨발이었으므로 K도 맨발이다
허용된 규칙은 응원뿐이다
형틀에 묶인 자식의 뼈가 으스러지고
탈골되는 고통을 보는
자식과 부모의 관계다

포기하지 않고 견뎌내는 저 의지 앞에
발자국을 뗄 수 없는 K

이 몸뚱이쯤이겠느냐.
너의 피와 땀이
나의 피와 땀이거늘

K는 오래도록 일어나지 않았다.

단절(斷絕)

밭일하다 계곡에 몸을 담그니
바위틈으로 숨는 버들치
속세가 싫어 산으로 든 수도승이다

경계의 눈빛도 잠시
이내 어깨며 사타구니를 툭툭 치며 무어라 말을 거는데
이미 원시가 아닌 이 몸은 막막하다
하지만 이 보드라운 접촉만으로도
타락을 깨웠다

아득한 바닥 어디쯤이거나 끄트머리에
양심이 남아 있기는 했었던 모양이다
세속에 물들기 전, 그 원어
이 언어를 잊어버리기 전에는 저와 하나였다고
이리 말을 걸고 있다

간지럽기도 하고 부끄럽기도 하고
한참을 그러고 나니
무거웠던 몸이 가벼워졌다
저놈들이 아까부터 뜯어내던 것은
내가 나를 막고 있는 나의 벽인지
나의 죄인지

바람의 이빨

잡식성이어서 못 먹는 것이 없다.
오늘은 나무의 목을 물었는지
낯빛이 붉다

먼저 물린 자작나무 얼굴은 이미 창백하다
지나온 못등은 이미 낮아지고
질근질근 씹힌 바위가
해변에 허옇게 너부러졌다
산 정상으로 둥지를 틀었는지
여기저기 비명이 울긋불긋하다

바람의 이빨이라고 물렁하리라는 것은 착각이다
한번 물면 빠져나올 수 없는 미늘이 있어
아직까지 그 어떤 것도 벗어난 것이 없다
환절기에는 사람의 목도 서슴지 않고 무는지
뾰족한 이빨이 박히는지
따끔거렸다

하지만, 가시 같은 잎사귀 때문에
천 년을 벼르면서도 물지 못한 소나무 앞에서
투명한 이빨을 드러내고
으르렁거리고 있다.

설탕사리

시장에서 산 꽈배기
비비 꼬인 모습이
꽉 껴안고 있는 부부 모습이다

서로 방향이 다른 끝과 끝이어도
서로에게 가슴을 내어주고 받아내며
하나가 됐다

부족한 것을 서로 메워주듯
희생하고 양보하며 서로의 그늘이 되어
양지를 만드는 모습이다

삶은 언제나 고소한 것만이 아니라는 듯
뜨거운 담금질 뒤라야
부부가 되는지
온몸 불사르고야 비로소 완성 된
부부

하나가 된 저들
떨어질 줄 모른다.

가을 수족관

물이 있어야 물고기가 사는 것은 아니었다
검고 둥근 네 개의 지느러미를 가진 물고기가 되어
단풍든 도로를 헤엄친다

성게이거나 꼬막 같은 코스모스가 지천이다
은행나무 가로수에
열대어가 바글바글 모였다가 가까이 가자
놀란 듯 화르르 흩어지는 치어들
힐끗 백미러를 보니 한 떼의 치어가
헤엄쳐 오르다 바닥으로 내려앉는다

하이핀마라골드, 빨간색 줄무늬의 열대어다
아직 산호초에 남아있는 줄돔
어디서 나타났는지 가오리 한 마리
너울너울 무리 속으로 든다

씨알 굵은 얼룩무늬 줄돔 한 마리가 막
코앞을 스치듯 지나갔다
하마터면 부딪칠 뻔 했다
눈을 동그랗게 뜨고 달려야 하는 바다
태양이 부표처럼 걸렸다

날개

눈을 뜨면 먼저 날갯죽지를 쭉쭉 펼쳐
바람 한 점, 이슬 한 방울마저
털어 내고야
허공으로 나는 새

알을 깔 동안만 둥지를 틀 뿐
새끼를 친 다음엔 그것도 소유라고
자연으로 돌려보내고
허공에서 선잠을 자도
새벽이면
기꺼이 즐겁다 노래하는데

더 많은 것을 가지려
더 많은 것을 누리려
울고, 죽는 사람들

얼마나 버려야 새처럼 날 수 있는지
아무리 팔을 허우적거려 봐도
발은 떨어지지 않고

고추 간장

이것도 시냐는 눈치에 눈물이 핑 돌았다
맵다.
염장하기로 했다

새콤달콤한 기억으로 잘 바뀌도록
구멍을 뚫었다

부글부글 끓어올랐지만
매운 맛은 삭아질 것이고
간장을 끓여 붓듯
때와 장소를 기억해둔다

하지만 푸성귀처럼 치밀어 오르는 울화
망령은 사라지지 않고
이성의 병목으로 비집고 올라왔다

돌멩이가 되도록 술을 먹고야
겨우 밀어 넣고
누를 수 있었다

이제 좀 삭았으려니 꺼내 봐도
아직은 맵다.

3부
허공의 상처

목 어

피라미를 잡아 손질하다 보니
바람 주머니가 배에 가득하다
생태학적으로야 부력과 호흡에 필요하겠지만
물속에 살게 해 놓고
굳이 이렇게 큰 바람 주머니를 넣어 놓았나 하는
창조자에 대한 의심이 생겼다

이리 미끈 저리 미끈하다가
탁 터지는데
이것은 그저 창자 터지는 소리가 아닌
목어 소리였다

속을 텅 비우고 나란히 누운 피라미들
배를 가르는 저 고통에도 눈 하나 끔쩍하지 않는다
앞으로 억 광년의 가시거리인 사바세계를
손바닥 보듯 내려다보겠다는 결의 같다

남은 것은 고작
이승과 저승을 오갈 수 있는 꼬리와 지느러미
비늘 갑옷 한 벌 뿐
이제 대추나무 말리듯 말리고
단청만 바르면 되겠다.

사철 푸른 담쟁이

수직의 벽이 삶의 터전이어서
온몸이 뿌리인 담쟁이
꽃을 피우고 열매를 맺으려면
잡아야 하는 눈길

방이 좁아 몸을 포개거나
팔다리를 조금씩 겹치고 살아가는 운명
살아남기 위해 보색을 가져야 하는,
아니면 시한부 생이 되고 마는

한번 내린 뿌리는 캐낼 수 없어
이사를 하여도 따라다니는 강아지 눈망울 같다.
기념촬영 때 얼굴은 가려도 눈은 꼭 내놓는 것처럼
비집고 내미는 번호

엄마는 엄마 구미대로
냉장고로 싱크대로 영역을 넓히고
아빠는 아빠 취향으로
책상으로 책장으로 잎을 키우는
담쟁이

개업 집이 있을 때마다
담쟁이는 한 뼘씩 더 자랐다.

빗방울들의 합주

밥그릇 때문에 삼십 년을 돌고 돌다가
노안이 오고야 빗방울들의 협주를 들었다
옥수수 오이 가지 수세미 깻잎 고추 피망 세상 모든 것이
저들의 타악기였다
연주는 빗방울이 하지만 악보는 각자에게 있다
지그시 감아야 볼 수 있는 악보
관객인 매미나 잠자리나 나비들이
관람석인 그늘로 다 들어야 시작하는 연주
가끔 늦은 새들이 지각생처럼 서둘러 들기도 했다
참나무 밤나무 개암나무 단풍나무 오동나무 떡갈나무
하우스 자동차 양철지붕 경운기를
제 흥에 취해 알몸으로 하는 연주
마음속 각자의 악보대로 흐르는 선율에
객석은 모두 숨을 죽였다
서서도 앉아서도 온전히 들을 수 없는 이 연주는
오로지 평상에 벌러덩 목침을 베고 누워야 한다
드럼처럼 일정하게 박자를 맞추는 낙숫물
가끔 우르르 쾅쾅 간음이 흐르면
천수만 철새들 날아오르듯 가슴의 나비가
일시에 화르르 날았다
누렁이도 흙마루에 배 깔고
새들도 나비들도 모두 날개를 늘이며 귀를 세우는 날이다
초목의 어깨들이 따라 늘썩인다.

앵무새

행복하게 해주겠다는 그 흔하고 뻔한 거짓말을
지킬 수 없는 약속임을 잘 알면서도
혹시나 하면서
아이를 다섯이나 낳고 종종걸음으로
세월을 보냈겠지요.
오늘도 그 뻔한 거짓말 한마디 듣기 위해
새벽을 등에 업고
찬물로 쌀을 씻습니다.

다녀오겠다는 인사가 그렇게 위대한 것인지
장을 보고 빨래를 하고 걸레질을 하고
종일 쳇바퀴 같은 천국을 다람쥐처럼 돕니다.
운동 잘 다녀오셨는가?
점심은 잘 드셨는가? 이 말에
오후를 오뚝이처럼 충전시킵니다.

감긴 오르골이 다 풀어지는 저녁까지
매미처럼 흥얼흥얼 노래하는 아내
다녀왔습니다. 이 한마디에
하루의 고단함이 봄눈처럼 녹아내리는지
결릴 만도 한 어깨로 상을 차리는 가슴이
파도처럼 출렁입니다.

상을 물리며 잘 먹었습니다.
사랑합니다. 뻔하고 빤한 앵무새 소리에

다시 보일러가 되었다가
촛불이 됩니다.

도배를 하다

세놓았던 방을 도배하는데
어디선가 웅성거림이 들렸다
지난번 바퀴벌레가 도망쳤던 곳
삼겹살 구이였던지 동태찌개였던지
비릿한 입담이 흘러나오던 수방을 붙이니
한입이 닫힌다
한번 태어난 말들은 죽지 않고
저희들끼리 수군거리며 동거하고 있었다.
안방을 바르다 화들짝 귀를 의심했다
듣지 말아야 할 이 낮 뜨거운 소리
젊은 신혼부부였는지
불을 끄고
케이크를 자르며 부르던 해피버스데이 투 유
고사리 손뼉에 사내의 코털 웃음이 섞여 있다
어느 틈에서인지 이사 오던 날
돈 많이 벌어 이사하자던 다짐도 들렸다.
부자는 되어갔는지
집은 사서 이사했는지
마지막 벽지 한 필마저 부치니 입을 닫는 벽
덜컹,
말의 새 씨앗이 뿌려지고 있다.

허공을 나는 저들 때문에

모두에게 허공일 뿐인 것이
저들에겐 땅이며 일터입니다
허공을 날며 울어야 하고
분주한 날갯짓은 허공을 일구는 것입니다.

더 높이 더 멀리 날아야 하는
땀방울이 비가 되었던 겁니다.
흙으로 빚은 사람은
흙에 땀을 흘리다가 다시 흙이 되어야 하듯
저들도 허공으로 빚었으므로
온 힘으로 허공을 경작하다가
허공으로 돌아가는 겁니다.

허공 어디쯤이 저들의 무덤이어서
저들의 묘를 볼 수 없었던 겁니다.

허공이 파래지도록 경작해야 하는 저들
지난밤은 얼마나 수고로웠던지
오늘은 허공이
아주 파랗습니다.

길거리 협연

발로 치는 건반이 있다

비 오는 날은 조금 빠르게
볕 좋은 날은 가끔 경적이 울려도
느리게 연주하고 싶은 날도 있다
각자의 악보대로
연주하는

여덟팔자로 연주하는 사람도 있고
지휘봉을 든 할아버지도 있다
하이힐로 연주하다가
가끔 삐그덕 헛치는 아가씨도 있고
안단테 안단테로 연주하는 할머니
슬리퍼 차림에
양손 주머니에 찌르고
지르박 지르박으로 연주하는 청년
탭댄스처럼 현란한

저기 저 노랑 병아리들
"손 번쩍"은 잊지 말고
도돌이표나 높은음자리는 금물
어쩌다 옆 사람 온음표로 화음을 맞추지 못하면
좌우를 잘 살피며
다다닥 다다닥
비바체로 연주해야 하는 건반

뒷주머니 증후군

계획된 범죄 증후군으로
공개수배 중이다
한번 빠지면 절대 만족할 수 없는
대리만족 형 증후군으로
스스로 갇히는 짝사랑이다

홀로 도취하는 자기만족 형
과다 흥분 증후군
긴급할 때 쓴다는 목적이었어도 정작 쓸 수 없어
명분뿐인 무 실속 증후군
먹기는 좋으나 누기 어려운 변비 증후군
결국 자신도 먹지 못하는 빛 좋은 개살구 증후군
어느 호적에도 올릴 수 없는 미아 형
빛을 보기 싫어하는 은둔형
안전핀 빠진 폭탄형
스위스에 모태를 두었다는 설도 있지만
에덴동산 선악과나무가 조상이라는 원죄 형
두꺼워질수록 불안만 가중되는
과다불안 증후군

자신의 코를 꿰고 벗어나지 못하는
코뚜레형 증후군이다

새들의 장례

새들도 늙거나 병들어 죽을 텐데
사체(死體)를 본 적이 없다
그들의 무덤은 어디에도 없으니
달이 의심스럽다

저들은 보름날 밤을 기다렸다가
달이 뜨면 그때
모두의 날개들을 모아 올라
달에 안치하고 둥그렇게 둘러서는 것이다

뭍짐승들이 슬퍼할까 봐
하늘로 올라가 몰래 장사를 지낸다는
다음날 세상을 온통 차갑게 적시며 쏟아졌던 것은
저들의 눈물이었다

새들은 울 때 눈물이 흐르지 않도록
꾹꾹 가슴에 쌓는 바람에 가슴이 불쑥 솟은
것이다

가끔 외다리로 서서 물에 비친 자신들의 무덤을 보며
멍하니 망자를 위로했다
오늘도 달무리 선 것 보니
어떤 새의 장례가 있는 것이 분명하다.

달을 굽다

고집스레 솥뚜껑에 메밀전을 부치는 여인
동기면서 과부면서 주모인
술이 몇 순배나 돌았는지 온통 달이다

펑퍼짐한 엉덩이도 달로 보이고
둥글넓적한 얼굴도 달로 보였는데
메일전은 주전자에 넣은 반죽을 솥뚜껑에 따르는데
빙그르르 한 바퀴 돌리면 달이 하나씩 떴다
아니 그녀의 얼굴이 싱글거렸다.

커다란 엉덩이가 한 번 흔들거릴 때마다
뒤집개에 달의 밑동을 잘랐다
뒤집힌 달에는 토끼와 거북이가 노릇노릇
방아를 찧었다

소반에 오른 달은 술잔을 비우고
술잔은 소반의 달을 먹었다.

얼마나 부쳤던지 하늘에 달도 없고
막걸리 잔에 떴던 달도 없는데
먹다 남은 메밀전만 쟁반 귀에
초승달로
이울고 있다

달전 부치기

잠시 멈춘 장맛날 하늘이
기름 두른 프라이팬처럼 힐긋힐긋 구름 사이로 별이 총총하다.
달을 요리하기 딱 좋은 날이다

반죽은 오래된 추억이다
후추 대신 그리움은 조금만 넣고
가슴 바닥에 숨겨두었던 비밀도 약간
어머니의 초상이거나 할아버지 초상도 괜찮다
애인과 헤어지던 그 날은 총총 다져 넣고
원망이나 미움을 많이 넣으면
다시 주르르 비가 올지 모르니 조금만 넣자

사랑보다 더 적정량이 필요한 양념
아니면 반죽이 무르거나 돼서 뒤집어지지 않거나
눌어붙으면 곤란하다
빙그르르 바람을 한 소금 두르고
한 국자 떠 올려
가슴을 쓸듯 살살 돌리면 된다

너무 아픈 추억이나 슬픈 기억은 정말 조심해야 된다.
잘못하다가는 다시
장맛비가 후두둑 시작될지 모른다

뚱딴지

밭둑 가로 뚱딴지가 무성했다
먹기는 했으나 맛도 없고 필요도 없으니
마구 꺾어버리거나 뽑아 버려도 생명력이 강한 뚱딴지는
해마다 영역을 넓혔다
정말 원수 같은 뚱딴지였다

다이어트나 건강식으로 최고며 부작용도 전혀 없는
천연 인슐린 제라는 TV 방송이 나오고
슬그머니 들이민 호미 날에 한 바구니 우루루 쏟아진다
늦여름 그 괄시에도 고집스레 알을 품었던
서리병아리 같다

그렇게 천대하고 괄시하던 뚱딴지를 한 바구니 쓸어 담는데
이리해도 되는가 하는 생각에
낯이 뜨겁다
찍어버리고 뽑아버렸던 그 손으로
생쥐처럼 주워 담자니
가슴이 뜨거워졌다가
서늘해졌다가 방방이질이다

다시 몇 알 슬쩍 묻어두면서
누구에게도 이 속내
들키고 싶지 않다.

효자

고향 집에 홀로 계시던 팔순 노모
백 년 만의 혹한에
시내 누님 집으로 피난을 했다

보일러는 괜찮은지
수도는 괜찮은지
가끔 들러보면
누구를 기다리는 듯
항상 아랫목이 따스하다

언제 돌아올지 모르는 어머니를
보일러는
매일 밤
저 홀로
그렇게

웅웅
아랫목을
덥혀놓고 있었다.

나무의 찬송

찬송가를 부르다 보면 나도 모르게 몸이 좌우로 흔들린다
박자를 맞추는 것도 아니고 흥겨운 것도 아닌데 예배당은
파도처럼 일렁였다.

막잠 잔 누에가 섶을 찾는 것처럼 알 수 없는
본능적 몸부림

오후, 산에 올라보니
나무들이 일렁이고 있다 그것도 예배당에서 본 모습처럼
좌우로 흔들리며
화르르화르르
찬송가를 부르고 있다

한참 흔들리던 노란 속잎이 한결 푸르게 자랐다
흔들릴 때마다 자라는 초록
묵은 솔잎도 더 짙푸르다

찬송할 때 흔들렸던 나처럼 쉼 없이 흔들리는 나무
초록의 마음을 키우기 위해 흔들렸던 거다
흔들림을 모르는 바위도
덩달아 초록이다.

나의 독자

나의 독자는 강아지와 송아지다
아무도 들어주지 않지만
가끔 하품만 해도 강아지는 선물로 얼굴을 핥았다
소는 다 알아들었다고 연못 같은 눈으로 만수위처럼
눈물을 찔끔거렸다

어떤 날은 경운기가 대신 들어주기도 했는데
여느 때는 낑낑낑 하다가도 한 수 읊어주면
카랑카랑한 소리로 신작로를 탕탕탕 달리기도 하고
밭을 갈기도 했다

길바닥에 털썩 앉아 끄적끄적 나무 꼬챙이로 써 놓으면
지렁이가 한 문장 땅강아지가 한 문장 보태기도 했고
어떤 날은 소나기가 좋다며 몽땅 가져가기도 했다
어쩌다 운율이 맞지 않으면
꾀꼬리가 다듬어주기도 하고 뻐꾸기가
제 목소리를 보태기도 했다

어쩌다 동인지가 나오면 난 팔순 노모에게만 보낸다.
아무도 읽지 않지만, 등잔 심지 돋우며
돋보기 너머로 더듬더듬 밤새 읽고
평까지 해주는 나의 독자

무지개다리

새는 죽기 직전 마지막 비행을 한다지
온 힘을 다해 아득하도록 하늘 높이 날았다가
마지막 순간에
스스로 날개를 부러트린다지
꼭 그렇게 잔인하게까지 할 이유야 없지만
새들은 그날을 위해 일생 비행연습은 한다지
뼈 마디마디를 다 비우고 날갯죽지 밑으로
바람을 쟁여 놓는다지
마지막 그 비행은 얼마나 높았던지
그 죽음을 본 사람은 아무도 없다지
혹, 부러지는 날개를 본 사람은 새가 되었다지
수만 번 땅을 박차며 날았던 거며
구름을 헤치며 쏘다녔던 거며
눈이 오나 비가 오나 그토록 피 터지게 울었던 것도
온전히 비워 부러트리기 위함이라지
그 순간 날개를 부러트리지 못한 새는
다시 새가 되어 또 한생을 새로 살아야 한다지
그 눈물겨운 것이 이루어 질 때야 무지개다리가 선다
그 때 새들은 짹 하며 건넌다지

허공의 상처

가만히 허공을 보자니 갈가리 찢어진 상처다
예리하기도 날카롭기도 한 무엇엔가
할퀴이기도 긁히기도
간혹 돌팔매 같은 것에 얻어맞은 흔적
허공을 나는 저 모든 것들의 기꺼운 밥이 되었던 훈장이다
몸을 다 주면서도 비명 한번 지르지 않았던 허공
퍼렇게 피멍 지면서도 순순히 내 주었던 그 허공
허공의 몸을 갈기갈기 찢어 놓지 않고는 날 수 없는 날개
작은 날개들일수록
더 흔쾌히 몸을 주었던 허공
화가 난다고 휘두르던 나의 헛손질에 명치를 얻어맞아도
가끔 무심히 잘근잘근 씹을 때도
표정 없이 혀의 간식이 되어주곤 했던 허공
어쩌다 새들이 한 귀를 잡고 쭉 늘려야 그때야 비로소
짹짹 소리를 냈던 허공
그런 허공도 감정이 있어
가끔은 굵은 눈물을 펑펑 쏟기도 했다
파도가 철썩였던 것은
뒤척이는 허공의 몸짓이다
바다가 퍼렇게 보이는 것은 허공의 상처며
허공의 낯빛이다

구름 나그네

구름에 쌀을 씻어 구름을 넣고 구름이 구름 밥을 짓는다
손등이 잠길락 말랑하도록 구름을 넣고 불을 켜면
화들짝 놀란 구름이 전생이 새였는지 새소리를 내며
구름 사이로 날아가 버렸다
구름을 먹고 자란 쌀은 그렇게 구름을 쫓아내고야 밥이 됐는데
남았던 작은 구름을 마저 훠이훠이 날려 보내고야
쫀득한 밥이 되었다
조금의 햇빛을 빼면 덩어리 구름이라는 몸뚱이
있다가도 없고 또 금세 사라지는 사랑이며
작은 바람에도 오락가락하였던 마음이 구름이라는 증거
어떤 날은 어미 닭 앞가슴같이 따스하기도
또 어떤 날은 뿔 달린 짐승으로 일었다 사라지는 도깨비
큰 구름이 작은 구름을 이유 없이 삼키기도
큰 구름이 흩어져 작은 구름이 되기도 했다
때론 서로 부딪치며 으르렁 소리를 내기도 하고
태양에 붉게 물들기도 했다
어떤 구름은 계곡에서 모여 졸졸 노래를 부르기도 했고
비명도 없이 바다로 곤두박질치는
구름도 있다
어~ 바람이 부는지
나 또,
일렁이고 있다.

배꼽시계

누군가 팽팽히 감아놓았다. 처음엔
돌돌 말려 작았을 저것이 풀려 커다랗고 물컹하다

몇 번만 돌려줘도 일주일은 거뜬히 살아가는 시계
태엽을 감다 보니 배꼽이다
그러고 보니 나도 어머니가 열 달 동안 감았다 놓은 시계다

그 힘으로 일생을 사는
허기를 느낄 때마다 배꼽이 욱신거렸던 거며
늘 어머니가 보고 싶었던 이유다

태어나면서부터 풀리기 시작했던 나의 태엽은
과연 얼마나 더 풀릴지
가끔 관절이 삐거덕거리는 것을 보니
많이 풀리기는 했나보다

더 감고 싶어도 감을 수 없는
멈추고 싶어도 멈출 수 없고
느리게 풀리고 싶어도 그리할 수 없는
딱 한 번뿐인
유한의 태엽을 가진 시계

학문적 판단의 오류

나무 이파리는 나무의 혀라고 배웠다
최소한 어제까지는
바람이나 햇빛을 찍어 먹거나 간을 보는 혀였다
나뭇잎이 팔랑이는 것은 허겁지겁 바람을 먹는 식탐으로 보였고
짙푸른 청록은 탐욕으로 보였다
혀였으니까!
나무 밑 그림자는 나무가 햇빛을 다 먹어버린 줄 알았다
때 이른 더위에 시들시들한 정자나무 잎을 보았다
나무의 혀가 맛난 음식 앞에
시들시들하다니
학문적 오류가 분명하다
제 몸이 시들시들 상하는데도
나무는 최대한 가지를 늘이고 잎을 펼쳐
뜨거운 햇빛을 속이 다 타도록 먹어 치우고 있다
그것이 그늘이었다
바람에 팔랑팔랑 움직였던 것이 아닌
날갯짓에 지친 수많은 날개들을 부르는
손짓이었다
그것을 나무의 혀라고 배웠던 학문적 오류에 슬적
밑동으로
오줌을 갈겼다.

4부
나의 풍경

햇살의 노동

빨래를 널기 전까지는 앞 놀이공원 모래밭이나
화단 맨드라미 이파리나 해바라기 얼굴을 화장하고 있었다
탁탁 빨래를 털자 기다렸다는 듯 몰려드는 햇빛
작은 물방울들이 바닥에 떨어질세라 받아 안고 날아가는
수수 만만의 태양들
안간힘으로 물의 알갱이들이 몸을 동그랗게 말아
무지개를 그리며 스크럼을 짜 보지만
속수무책이다
벌이 역사하듯 올 올 사이로 들고 나는 저 태양들
부산한 노동 뒤로 무지개가 사라졌다
물방울을 먹이로 하는 태양
작은 빛의 알갱이들이 모여 사는 벌집 같은 것이 태양이었다
저들도 살아남기 위해 부지런히 노동하고 있었다
기진한 어떤 놈은 스스로 그림자가 되기도 했다
빨래는 늘 저들에게 꽃이었으므로
남은 화분을 마저 따라고 바람이 꽃잎을 뒤집어 줬다
화분을 다 빼앗긴 꽃을 걷자
벌 떼처럼 화르르
옆집 간판으로 몰려가고 있다

날

칼을 갈다 날을 본다
얼마나 더 갈아야할지
하얗게 보이던 무딘 날은 날이 설수록 사라졌다
어디로 간 것일까
서슬 퍼렇다는 말은 날이 허공이 되었다는 말
날이 사라졌다는 것은
웃음 뒤로 숨었던 슬픔처럼 숨는 것
허공은 없는 것처럼 유순하나
무섭고 날카로움이 항시 존재한다는 말
날이 사라진 뒤에 손을 대보니
날이 까끌까끌하다
증오와 시기 같은 가시가 만져졌던 것
보이지 않는 존재의 두려움이
등골을 쓸었다
말 많은 사람보다 과묵한 사람이 무섭다는 말
많은 습작을 거친 사람은 숫돌에 그만큼 갈렸다는 말
너무 오래 갈다 보면 날은
저 스스로 제 몸을 버린다
날이 넘는다는 말은
슬픔도 많이 쌓이면 제 스스로 웃음이 된다는 말
하지만, 그 웃음에는 까끌까끌한
날이 있다는 말

육필(肉筆)

눈이 펑펑 쏟아지고 있다
비처럼 직선으로 내려도 될 눈이
종서로 쓰는 듯 보면 횡서로 쓰고
횡서로 쓰는 듯 보면 종서로 쓰면서
이렇게 쓸까 저렇게 쓸까 고민하듯
테트리스 게임처럼 요리조리 빈 곳을 찾아 내렸다
어디 한군데 빼놓지 않고
좁은 골목에도 종탑에도 십자가에도 심지어 개똥 위에는
개똥모습으로 썼다
강물은 받는 즉시 살이 되고 피가 되는지 착착 받아
몸이 되었다
청솔은 한 권의 책으로 엮는지
뭉텅뭉텅 묶음으로 쏟아 놓는다
머리 위로 내리는 눈부신 말씀을 도저히 읽을 수 없어
툭툭 털어내면서
평등이라 읽다가
순수라 읽다가
고요함에 평화라 읽다가
지퍼를 내리고
사랑이라고 썼다가 가로로 두 줄 긋고
시라고 썼다가 또 쭉쭉 긋고
행복이라 썼다
말줄임표는 지질로 생겼다.

슬픔을 가불하다

슬픔 은행은 상상만으로 개점됐다
수만 종의 약관
창구 직원의 상냥함에 하마터면 가불하러 왔다는 사실을 잊고
크게 웃을 뻔했다

번호표를 뽑고 보니 대기자가 꽤 많았다
한발 앞서 뽑은 큰형 내외도 눈이 휘둥그레 마주쳤다
뒤이어 조카도 헐레벌떡 인사도 생략하고
번호표를 뽑아들고 다가왔다
번호표를 뽑는 것만으로도 가불은 시작되는지
눈자위로 숫자가 부글부글 차올랐다

시간이 흐를수록 주유기 눈금처럼 높아졌다
주유 끝났습니다
이제 출발해도 좋습니다. 할 것처럼
주유기 꼭지가 떨거덕 정지하고야 말 것 같은 순간
놀라셨죠?
무리 하지 않으면 괜찮으실 겁니다
가불은 권위적이었다

가불한 슬픔을 반납하고 싶었으나 이미 사용한 슬픔이 너무 커서
상환 불가란 조항이 붙어있었다
굳이 상환해야 한다면 언젠가 받아야 할 슬픔에
높은 이율을 감당할 수 있겠냐는 직원의 종용에
이미 시큰해진 콧등이며 벌게진 눈자위가

가불을 많이 쓰고 있었다

언제 어떻게 바닥날지 모르는 슬픔
두둑해진 잔고가 사뭇 든든하다.

고드름

바람의 집을 본 적 있다.
바람이 쌓은 견고하고 투명한 석축
거꾸로 짓는 집

흙을 물어다 허공에 짓는 제비처럼
바람은 강물을 길어다 집을 지었다
바람의 분주함에 점점 더 길어지는 기둥
드나들기 좋은, 그것도 양지를 택해 터를 잡고
햇볕은 생쥐처럼 조금씩 송곳니로 기둥을 갉았다

바람은 제 몸이 투명했으므로
투명한 집을 지었다
추녀 끝으로 주춧돌을 놓고
지붕도 없는 집을 지으며 이슥해서야 집으로 드는 바람
북서풍이 불어야 더 견고해지는 집
어쩌다 동남풍의 잠꼬대에도 우수수 부서지고 마는 집
성긴 담벼락으로 바람의 체온을 가뒀던 기둥
철없던 우리는 그 기둥을 꺾어 칼싸움했다
그러면 여지없이 바람이 달려들어
손바닥이 얼얼하도록 물어뜯었다

힘없이 부러진 기둥은 다시 서둘러 강이 되었고
바람은 끊어진 기둥에 잇대 또 기둥을 세웠다.

참회록

호미로 쓴다
어떤 날은 삽으로 쓰고
줄거리가 큰 날은 가래로 썼다
남들은 경운기나 트랙터로 썼다.
어쩌면 그것은 더 아프게 하는 것 같아 난 괭이로 썼다

고무래로 쓰고 써레로 쓰고
맨발로 쓰고 손바닥으로 쓰고
쓰기 싫은 날은 발바닥으로 어정어정 썼다
써 놓고 무엇을 왜 썼는지 모르는 날도 있다

가끔 변변찮은 것을 종달새가 읽어주기도 하고
까마귀가 쉬어가며 쓰라고 했지만,
오늘도 구불텅구불텅 썼다

벌써 몇 년을 쉬지 않고 썼지만, 아직은
부족하여 북두칠성으로 쓰고 달로도 쓴 적도 있는데
그런 날엔 소쩍새가 제 마음대로 고쳐 쓰기도 했다

지면을 가득가득 채운 날은
묵향에 취해 비틀거리기도 했다
아무리 쓰고 또 써도
죄 없다 할 수 없어
손바닥 옹이 박히도록 쓴다.

탁란(托卵)

바람 몹시 불던 봄날
밭이랑에 비닐 씌우는 작업을 하고 있다.
발로 밟고 돌멩이를 얹고 흙으로 덮고 해도
펄럭거리며 도망치는 아나콘다

아나콘다의 조상은 백화사였다
돌돌 말아 나무에 꿰어 말리던 유월미기
여차하면 이랑을 벗어나 산이나 들로 달아나는 뱀
잘못하다 보면 손을 빠져나가기도 하고
다리를 칭칭 감는척하다가 하늘로 머리를 치켜들고
마구 허공을 휘젓기도 하다가
먹이를 발견한 솔개처럼 제 몸뚱이를 사정없이 내리 처박으며
광란하는 놈

어찌나 힘이 세던지
몸통을 뚝 자르기도 하고
꼬리를 스윽 끌고 산으로 오르기도 하고
배를 쩍 갈라 보이기도 했다
바람이 저에겐 기회였는지
바람만 없으면 더 없이 순해지는 저놈
농부의 가쁜 숨과 땀이 저 아나콘다에겐 사랑이었는지

따스한 손길을 느끼고야 온순해졌다
통통한 배로 계곡을 따라 맑은 물을 먹는 듯도 하고
스르르 햇볕에 몸을 덥히듯 곧게 펴 기지개를 켜기도 하는 놈

아나콘다에겐 농부의 마음이 씨앗이었는지
여름내 품었던 배를 들춰보면
감자며 고구마를 제 새끼인줄로 알고
토실토실 잘 품었다

오늘도 엎치락뒤치락 아나콘다 뱃속으로
슬쩍 나의 알을 슬어 놓았다.

비목어(比目魚)

여름밤 운동장 한 귀퉁이 벤치
등 뒤로 느릅나무 두 그루 있고 그 옆으로 오동나무 한 그루
그 뒤로 네 개의 서치라이트가 있고
바람이 살랑살랑 불었다

소나기가 막 지나간 운동장은 모래까지 환하게 보이는
바닷속이다
어른거리는 물결 속으로 숨죽이고 엎드려있는
흐릿하게 보이는 거무튀튀한 저것들

조금 적은 놈도 있고
지느러미를 너울거리는 가오리도 있다.
발 담그고 앉아있는 나쯤은 아랑곳하지 않고
발 등으로 심지어 무릎까지 기어오르는 넙치들
바람이 불 때마다 썰물처럼 밀려다니는 치어 떼
어찌나 투명하던지 등 가시가 선명하다

빛을 먹어야 살이 오르고
어둠이 내려야 뼈가 생기는 물고기
밤새 이 운동장을 헤엄치며 알을 슬고 다니다가
날이 밝으면 다시 나뭇잎 뒤로 숨었다가
달이 뜨면 살금살금 기어 나오는 물고기들

비가 오면 집을 잃을까 봐
절대 나타나지 않는 넙치

모오리돌

아프다는 것은
아직도 깨지고 부서질 것이 남아 있다는 말이다
둥그러지기까지
얼마나 아프고 쓰리게 부딪치며 깨졌을까
동글동글한 흉터가 더없이 찬연해 보이는 모오리돌
오늘 가슴 한편이 시큰거리는 것을 보니
모났던 어느 한 귀 또 떨어져 나가나 보다
조금 더 둥그레졌겠지
법 없어도 살 사람이라고 했던 그 친구
그만큼 모서리가 없었다는 말
각진 돌 하나 없는 모오리돌 해변
돌들의 완성이었다
노인정 앞뜰 몸을 동그랗게 말고 옹기종기 둘러 앉아
얼마 남지 않은 살점을 말리고 있던 노인들에서
모서리 하나 없는 둥그런 각을 보았다
토닥토닥 티격태격 하는 것이 남은 작은 모서리마저
다듬고 있었던 거다
양지바른 산기슭 모오리돌이 되기 위한
조탁이었다.

빈집

뚫린 창호지로 쿨룩쿨룩 기침이 새어나고 있네
참빗으로 빗은 머릿결 같은 싸리비 자국 위로 망초가
하얗게 피었네
무너진 토담처럼 시큰거렸을 기둥
중방이 빠진 곳도 있네
주춧돌 밑으로 밑을 냈던 쥐들도 양식이 떨어졌는지
거미만 달빛을 기다리고 있네
빗물에 씻기고 바람에 마른 댓돌이 반질반질한 것이
아직은 누군가 살고 있네
언제 이엉을 올렸는지 용마루도 한귀 내려앉았네
저곳에서 밤마다 삐거덕거리는 소리가 났나 보네
청솔연기 오르던 굴뚝이며
부글부글 쇠죽 끓던 부엌도 골다공증처럼
숭숭 뚫려 더는 불을 받아내지 못할 것 같네
겨우 기둥 하나에 얹혀있는 대들보
상량문에 1929.12.27이라 선명히 쓰여있네
송아지 팔아 투전 빚 갚던 거며
밤바람에 바람이 났던 맏아들이며
새벽이슬에 바짓가랑이 젖는 줄 모르던 막둥이며
수탉에 쫓겨 마루 밑에서 나오지 못하고 발발 떨던 누렁이까지
우리 집 계보를 하나도 놓치지 않고 꿰는 빈집
이제 햇볕에도 삐거덕거리는 집
혹여, 이 밤
바람 불까 걱정입니다.

흔적(痕迹)

눈길을 걷다 돌아보곤 깜짝 놀랐습니다
누군가의 한 생이 보였던 겁니다
움푹움푹 짓눌린 생의 무게가
결코 가벼워 보이지 않았기 때문입니다
소금가마를 짊어졌거나
세상을 통째로 업고, 이고 걷는 것이 분명했습니다
지그재그로 비틀거린 자국이
번민으로 휘청거렸던 모습입니다
가지런하지 못한 팔자걸음이
기구했던 팔자를 말하고 있는 듯합니다
걸어온 길마다 얼음이 된 자국
투명한 음각이 오래전의 이름 모를 타자의 먼 생처럼
아득해졌습니다
발자국 위로 다시 눈이 내리고
발자국이 사라지듯 한생이 지워지고 있었습니다
그 위로 누군가 새 발자국을 내며
걸어오겠지요
자신이 걸어온 발자국을 본다는 것은
아득하기도 하고 처연하기도 합니다
지그재그 가지런하지 못한
저 발자국

육필

코스모스가 흔들리고 있다
좌로 우로 흔들다가 파르르 떨리기도 했다
회전체로 썼다가 흔들림체로 쓰다가
허리를 꺾어 쓰는 저 공손체

풍경 위에 알몸으로 쓰는 돋움체
매미에게 작별인사를 쓸 때는 단풍체
잠자리를 꼬드길 때는 회전체
귀뚜라미를 부를 때는 가늘고 긴 요염체

파란 바탕에 하얀 글씨
하얀 바탕에 빨간 글씨
이리 읽어도 저리 읽어도 빙글빙글 팔방의 여덟 문장
달이 밤새 읽다 읽다가 못 다 읽은 저 문장

어깨너머로 슬쩍 훑고 가는 오동잎
태초의 저 언어
눈에는 보이나 읽을 수 없는
온몸으로 쓰는 저 상형문자

치마 입고 날아서 이단 옆차기하고 내려오며 목 휘감아 돌려차기

치마 속에는
부처가 가부좌를 틀고 있습니다
밥상이 있고 인고가 있고
눈물이 있습니다
가지런히 꿇은 무릎에 감춰진 간절함과
부끄러운 소망이 있고
바람 한 점, 빛 한줄기 넘볼 수 없는
고요가 근엄합니다
우주가 닮은 끝없는 대공황의 어둠이 있고
그 속에 무지개가 있습니다
치마 속에는 큰 걸음을 용서하지 않는
지어미의 도법이
천 년의 울타리를 넘지 않고 있습니다
바지 위에 치마를 덧입고
치마를 닮은 바지를 입는 것은
어머니를 가장한 아버지의 취기입니다
할머니의 계보와 시어머니와 며느리 딸의 위계가
망나니 칼보다 더 무서운 단두대로 걸렸습니다
치마를 버리는 것은
그 위대한 신전의 상속을 포기하고
립스틱만 바르겠다는 것
그것은
알몸에 넥타이를 매고 털렁털렁 거리를 활보하는
사내의 오만무도와 무엇이 다를까

답장

이른 봄
편지를 썼다

비의 몸에다 문신처럼 새겼다.
나비가 우표 대신 제 몸을 탁본했다
그립다고 썼다가
보고 싶다고 썼다가 지웠다

꽃이 피고 지고
바람이 몇 차례 눈자위를 훑었다
텃새가 새끼를 두 배나 쳐 갔다.
들 고양이도 덩달아 몰래 새끼를 낳았다
그러는 동안 창고엔 쥐죽은 듯
정말 아무 일도 일어나지 않았다

옥수수는 뭐가 못마땅했던지
연일 허공에 팔뚝질해댔고
오이며 가지는 하루가 멀다고 제 머리를
땅바닥에 처박았다
울타리 콩은 몰래 담장 너머 나팔꽃과 눈을 맞췄다

혹 답장이 있을까 하고
떨어지는 낙엽을 뒤적거렸다
그러는 날엔 낮 부엉이가 울었다

그 많은 답장 다 읽고 어떤 답장을 기다리느냐고
까막눈이냐며
가을비 까막까막 내렸다

새의 기원

스스로 부화하고 번식하는 것이 아니다
빛과 구름 그리고 바람의 삼 파장이 하나가 될 때
생기는 결정체였다

3억 광년의 시간을 뚫고 도달한 빛과 구름 그리고 바람의 만남
상승기류가 새털구름의 중심부를 가로질러
날개의 모습이 만들어지는
그 찰나,
태양의 빛이 도달하면서 눈이 만들어지는 것이다

큰 상승기류를 만난 새는 날개가 넓고 큰 새
새털구름이나 뭉게구름을 만나면 기러기나 오리
구름이 짙으면 굴뚝새
희고 옅은 구름으로 빚어진 새는 백로
새의 눈은 태양으로 빚어졌으므로 천 리를 볼 수 있다

오로라 빛으로 합성된 새는 올빼미 같은 야행성
닭은 여명으로 빚어진 새
새소리는 바람과 구름과 태양의 소리였다

바람이 구름에게 하는 말
구름이 태양에게 하는 말
태양이 바람에게 하는 말

나의 풍경(風磬)

심장은 나의 집 추녀에 걸린 풍경이다
가끔 내가 고즈넉해질 수 있는 것은
저로 말미암아 깨어날 수 있기 때문이다

풍경을 그냥 지나치는 바람을 보았는가?
없다.

너무 아프다고
너무 슬프다고 하지 말자
그것이 삶이지 않은가
그것이 바람이지 않은가

그것으로 인하여 풍경이 울 때
가슴으로 소복보복 풍경소리 쌓이지 않는가

노을을 머금은 서풍은
머잖아 묻힐 고요가 안타까운 듯
더 멀리, 더 깊이
애절하고 간절하게 울지 않던가?

자주 우는 풍경이 더 청아한 법
가끔 눈감고 깊은 숨으로
자신의 풍경을 흔들어볼 일
작은 바람에도
잘 흔들리고 있는지

가을 나무

가을 나무를 보니 알겠다
아직은 울긋불긋한 잎을 왜 버리는지
낙엽이 되지도 않았는데
제 살점을 왜 버리는지

가을 나무처럼
나도 지긋해 보니 알겠다
다 이룰 것 같았던 화려한 꿈들이
욕망이었다는 것을

가을 나무처럼
나도 버리고 보니 알겠다
그것이 얼마나 무거웠던 것인지
왜 그때 버려야 하는지

가을 나무처럼
지긋해 보니 이제 알겠다
왜 다 버리고
빈 가지만 흔들어 보였는지

달집

솔가지 찍어다 산을 만들고 저마다 소원을 적는다
어떤 신도 믿지 않았으므로
반신반의 건강이나 적었다

내 쪽지 옆 깨알같이 적는
몇 해 전 홀로 된 죽마고우
저리 사연 많게 살았구나 싶다가
혹여 내 생각을 하나 하다가
먼저 간 그 사람 극락왕생 기원한다고 적었을까

몇 순배 술잔이 도는 사이
산은 달을 낳고 한 발짝 물러서 있고
달은 달집 위로 둥둥 떠 있고
술잔에도 동동 달이 빠졌다
불을 놓자 화르르 날아오르는 달집

새다, 한 마리 불새

입에 소원 하나씩 물고 달로 오르는 저 붉은 날갯짓
금세 달에 닿는 저 새들
내 소원을 읽으셨는지 빙그레 웃는 달
밤새 날아오르던 새들의 흔적만 분분한데
깨알 같던 그 친구 소원을 아직두 읽고 있는지
달이 서산으로 걸려있다.

양파

누렇게 탈색된 표지로 보아 꽤 오래된 고서다
할머니의 할머니 것이든지
할아버지 머슴살이로 받았던 눈물의 기록이다

보이고 싶지 않은 아픔이어서
부끄러울수록 더 맵다
눈물이 나게 기뻤던 날보다
시큰거렸던 날의 유산

페이지를 넘길 때마다
눈물 없이 볼 수 없는 기록
눈물은 그 옛날 아렸던 가슴을
생생히 보는 대가다
한여름 뙤약볕을 맨발로 걸었던 과거사는
가끔 속 쓰린 후유증을 낳지만
아픈 과거가 좋은 약이라는 듯 달다

일기장을 머리맡에 펴 놓고 자면
숙면을 취하기도 한다는 속설은
그때의 주인공이 되기 때문이다
눈물 없이 읽을 수 없는
달콤하면서도 싸한 책

블랙아웃

멀리뛰기 선수가 구름판에서
발이 떨어지는 순간부터 발이 닿은 순간까지
머릿속은 설원이 된다
목표물이 가늠자와 일치할 때
방아쇠가 당겨지는 손가락을 기억하는
사수가 없는 것처럼
공이가 뇌관을 치는 순간
노리쇠가 후퇴하였다는 사실을 망각하듯
뇌는 텅 빈 탄피가 된다
탄환이 광속으로 지나가는 찰라
갈라진 공기의 상처가 아물기 전의 허공
공(空)이다
연일 상종가를 치던 주식이 하루아침 깡통이 될 때
마지막 전 재산을 배팅하고
지인도 가족도 보이지 않는 현상이다.
무(無)다
나면서 내가 아니어서
나를 통제 할 수 없는 시간
몽유병의 유전자를 가졌으므로
모든 상이 거꾸로 맺혀 시소를 타는 듯
기억 저편의 징검돌 같은
허상의 나만 보이는

5부
잠자리 꽃

쟁기질을 하다

텃밭,
쟁기질하다 보습이 부러졌다.
헤집어 보니
커다란 돌멩이가 있다

그러고 보니 그동안 무엇을 심어도
늘 비실비실 자라지 못하던 자리다
세세히 살피지 않고
자라지 않는다고 땅만 탓했다

이렇게 큰 응어리를 품고 살면서
투정 한번
말 한마디 없던 텃밭

아내다

그 사람도 가슴에 이런
돌멩이 하나
아니 바위덩어리 하나쯤
있지 싶다

놓다와 놓치다

밥숟가락 놓았다는 말뜻을 알기까지
오랜 세월이 걸렸다
놓았다는 말은 스스로 버렸다는 말
참 경지에 들지 않고는
할 수 없는 일이다
산업 파견 왔던 멜랑꼴레가 사고로 죽던 날
놓치는 숟가락을 보았다
숟가락 때문에 먼 타국까지 왔던 죽음 앞에
차마 숟가락을 놓았다고 할 수 없었다
그는 놓쳤다
숟가락을 든다는 것이
죽음보다 더 무겁다는 것을 알기까지
또 오랜 세월이 지났다
밥 한 숟가락 뜬다는 것은
생 전부를 들어 올리는 것이었다
평생을 살아도
밥숟가락은 놓는 것이 아닌
숟가락 무게를
버티다 버티다가
놓치고 마는 것이었다.

구족화

물새 한 마리 수초 사이를 거꾸로 분주히 오가고 있다
부리를 따라 물의 파동이
강약으로 가장자리까지 여울지는 것이 붓이다
구족 화가는 화폭을 보며 채색할 수 없어서
몸과 마음으로 그리는 일
수면이 화폭인 저 화가는
초록을 채색할 수도 무지개를 채색할 수도 없어
수초 그림자 한 잎 당겨오고
앞산 나뭇가지도 끌어와 한 땀 한 땀 채록하는 저 화가
꿈으로 꾸었던 별을 떠올리며
빗살로 들어오는 햇살을 채색하고 있지만
채도가 필요 없어 음영으로만 그리는 스케치
앞 파동이 사라지기 전 덧칠을 해야 하는
그리면 지워지고 지워지면 또 그리는 그림
밑그림이 없어
자신의 혼이 그림이 되는 저 화가
영혼이 얼마나 맑은지 그림도 투명하다
자신이 그린 그림이 이승과 저승의 경계였는지
아슬아슬 외줄 타기를 하고 있는 곡예
하늘이 물감인 저 화가

골목 S

시간만 되면 텔레파시를 보내는 S
S의 집을 막 지나려는 찰나 훅 담배 연기 같은
더운 입김이 얼굴을 덮었다
S의 눈빛이 폐부를 관통하고
난 낚싯바늘에 걸린 물고기가 된다
건기의 폭풍이 모래바람을 몰고 온 것처럼
목구멍이 서걱거렸다
전갈 독에 감염된 듯 온몸의 땀샘으로
사막 같은 소름에 분화구가 생겼다
S의 가슴을 기억하는 말초신경이 경련을 일으키며
터질 듯이 질러대는 함성에 달팽이관이 빠르게 확장되어
좌심실을 돌아 우심방으로 가던 피가
쏴~아 역류하고 있다
S를 만나지 않겠다는 어제의 작심이 낙엽처럼 짓밟히고 있다
구석진 탁자에 넋을 꺼내놓고 앉아 그녀를 기다리는 순간
설렘은 억겁의 세월 동안 변하지 않았다
달콤하고 부드러웠던 살 냄새와
폭발할 것 같이 이글거리는 욕정을 다스리듯
눈을 감고 천천히 입술로 체온을 간 본다
크림처럼 부드럽게 전해오는 톡 쏘는 향기
언제나 나의 모든 것을 받아낼 준비 된 가슴으로
이글거리고 있다
콧수염이 S의 입김을 따라 흔들거렸다.
입맞춤이 잦을수록
S는 내가 되고 나는 S가 되고 S는

그 누구도 알아주지 않는 나를
나 스스로 최고가 되는 법을
가르쳐 주고 있다
브라보!

벌목

그루터기들만 남아 전생을 말하고 있다
저 육신들 다 어디로 갔을까
절제된 삶을 살았던 놈들은 법당 용마루가 되었거나
기둥이 되어 단청을 받았을 것이고
바람 불면 부는 대로 눈비 오면 오는 대로 이리구불
저리구불 제 살고 싶은 대로 살았던 놈은
아궁이에 들어 벌겋게 타다가 숯도 될 수 없어
화덕 구경은 고사하고 연기로 사라지고 말았을 것이다
나무마저 내세의 증거가 분명하거늘
눈멀어 보지 못하고 있다
어떤 나무는 생전에 다른 나무뿌리 밑에 빌붙어 살다가
멍에가 되어 부러지도록 쟁기를 끌기도 하고
지게가 되어, 짐을 져야 하기도 하고
누구는 말뚝으로 쓰이기도 하니
다 제 살아온 만큼의 업보가 아니던가!
우리 집 대들보 결이 유난히 고운 것 보니
이 나무 풍뎅이나 매미를 많이도 품었었는지
빗소리 바람 소리
그늘이 깊다.

농부의 귀

삼복 허리 땡볕에 사래 긴 밭을 매다 보면
오직 호미 날 소리만 들린다
호미는 이미 연장이 아닌 동체다
잘록한 손잡이며 학처럼 가냘픈 긴 목이며
S자 몸매에 반하지 않을 수 없다
자갈밭을 만나면 온몸으로 캉캉 춤을 추다가
모래밭을 만나면 사르르 사르륵 몸을 꼬며
블루스에 육박자를 밟는 춤꾼
가끔 땀방울이 쉼표를 찍으면
놓칠세라 저도 빠르게 한 박자 쉬어갔다
춤이면 춤, 노래면 노래 만능 재주꾼이다
아무리 꾀꼬리 소리가 예쁘다 한들
비발디 사계가 웅장하다고 하나
유월이면 뜨거운 햇볕 악장에
팔월이면 빗소리 악장에
새소리 악단에 바람 소리 악단에
알몸으로 노래하는 명창
흙의 경전을 한장 한장
온몸으로 대독하고 있다.

수련(睡蓮)

—김인화 화백 그림을 보며

연못을 딛는 맨발을 개흙은 가만두지 않았다
발가락을 비집고 올라오며 몸을 비틀었다
물감을 찍은 붓을 최대한 뿌리 밑동으로 깊이 넣어야한다
실뿌리 하나라도 끊어져 속잎이 시들면 누구도 눈길 주지 않으므로
심장을 멈추고 구도를 잡는 순간이다
꽃잎이 활짝 열리기 전 꽃망울이 막 열리는 찰나를 잡아야하므로
눈동자가 흔들려선 안 된다
개구리가 첨벙거리는 바람에 서는 물비늘 때문에
자던 잠자리가 날아감으로 다시 선회하여 앉을 때까지
손가락 사이 끼워두었던 담배 한 개비가 다 탔다
그 사이에 피었던 꽃망울 하나가 또 벙글었다가 진다
개흙 속으로 춤추듯 붓이 휘돌아 나오면
캔버스로 싱싱한 수련이 한 포기 옮겨졌다
참았던 들숨을 이제야 가늘게 나누어 날숨으로 뱉었다
그래도 연잎에 맺혔던 물방울 몇 개
또르르 떨어졌다
떨어진 물방울이 원을 그리며 못을 흔들어 깨웠다
영혼을 빼앗긴 연못이 몸을 떨었다
뭍으로 건져진 그림자 하나라도 놓치지 않으려
붓놀림이 분주하다
캔버스에 빨리 욱여넣지 않으면 구도도 흐트러지고
채도가 시들어 버리기 때문이다
건져 올린 해를 식기 전 재빠르게 채색하는 동안 번지는 노을에
연꽃이 명암을 잃어 보색으로 재빨리 인공호흡을 했다

혈색이 돌아오는지 이슬이 반짝였다
살며시 잎사귀 하나 들추니 잠자리 알 같은 심장이
윤슬에 파닥거리고 있다
처음에 그린 꽃망울 하나는 그새
조금 더 벙글었다

꽃을 피우는 도둑놈

게이투맨 잠금장치도
눈 하나 끔뻑하지 않고 들락거리는 것을
막을 길이 없다

독특한 취미를 가진 놈
창문을 넘는지 벽을 뚫고 오는지
꼭 작은 방으로만 직행하는 그놈
밤낮없이 드나드는 낌새
그 방 비밀통로를 분명히 알고 있다.

공기가 느끼한 것이
오늘도 도둑이 든 것이 틀림이 없다
긴 혀를 널름거리다가
덥석 목을 휘어 감고
마약보다 강한 독을 주입하는 놈
어느새 목소리가 몽롱한 것이
벌써 중독된 모양이다

똑똑
인기척에 스르르 수화기 속으로 사라지는
저 긴 꼬리
도난당한 물건은 없고
딸의 정원엔
이름 모를 꽃만 만개했다

각(角)을 죽이다

물이 몽돌을 만들듯이
태초의 태양도 달도 사각이었다

최소한 콜롬버스가 지구를 한 바퀴 돌며
둥글게 다듬기 전까지는
지구도 분명 사각이었다

이슬이 둥글고 빗방울이 둥근 것은
바람이 그 모서리를 다듬어 둥글어진 것처럼
모진 소리는 귀가 굴리고
각진 말은 입술이 다듬고
볼썽사나운 것은
눈이 다듬어 직선의 빛인 무지개가 둥그렇게 보이고
목수가 나무를 깎음으로
집이 둥글어지는 것이다

이성은 서로 자존이라는 각(角)을 죽여
사랑이 만들어지는 것이다
귀엣말이 간지러운 것은
동글동글 잘 다듬어졌기 때문에 상대방의
심장에서 살 수 있듯이
아무리 모난 사람끼리라도 오래
부대끼다보면 둥글어진다는

나의 조등

나의 조등을 걸어보았다.
바람이 몇 번 흔들어 보고 갔다
어색한 길고양가 허리를 활처럼 한번 말고 갔을 뿐
아무도 조문하지 않았다

무릅뜨고 바동거린 세월이 얼마인데
개미 한 마리도 보이지 않다니
한 생 살아온 결과가 고작 이 정도라니
세상을 잘못 산 것일까

아무도 기억하지 못하는 나의 삶이
죽음보다 더 차게 다가왔다
그렇게 애면글면 살아온 생의 유산이
쓸쓸한 조등 하나뿐이라면
너무 허무하지 않은가

그래도 삶의 치부를 가릴 커튼 같은 어둠이 있고
꽃처럼 빛나는 조등 하나 있으니
그것으로 한 생 입술 깨물고 산 답례라고
그저 잠시 세상에 노숙하였을 뿐이라고
한번 싱긋 웃으면 될 것을

조등을 걸어 본 다음 날 아침은
그저 한 점 바람도
찬란해 보이지 않겠는가

그림자

간식처럼 말을 삼키는 사내
부도를 맞았을 때도 애인이 도망쳤을 때도
어깨는 들썩거릴지언정
소리 내 우는 것은 수치라고
극구 침묵하였던 사내

바닥의 하찮은 것들이 밟아댈 때도
그는 입을 닫았다
구태여 소리 내어 말하지 않는
침묵의 고수

앉은뱅이처럼 작아져도
어둠이 잠식해올 때도 성대를 열지 않았다
꾹꾹 삼킨 울음이
까맣게 응어리져 몸이 되었다.
소화되지 않는 설움 때문에
몸은 온통 사혈이다

그러나 분신처럼 따라다니는 그는
불평 한마디 하지 않는 선천성 농아
침묵이 금이라 육필로 치는
호모사피엔스

주먹

길이 보이지 않아 답답할 때 주먹에 물어본 적 있다.
너무 갑갑해 시멘트벽을 힘껏 쳐 본 적 있는데
다음날이면 여지없이 명백한 답을 주었다

주먹을 보고 있다 보면 작은 소로까지 다 보여주었다.
가끔 틀리기도 했지만 원망하지 않았다.
주먹은 나 스스로 독해였으므로
아무리 괴롭거나 슬퍼도 울지 않는
인내를 배웠고
주먹은 말 대신, 행동 대신, 듣는 대신
제 몸으로 힘껏 감정을 욱여넣었을 뿐이다

스스로 누구를 향하여 자신을 드러낸 적도 없고
자신을 함부로 과시하지도 않았다
오래전 그 사람에게 마지막 말을 하지 못하고 보냈던 그 말을
주먹이 대신하기는 했었다

그저 묵묵히 자신의 길을 걸었을 뿐
어느 산보다 어느 바다보다 침묵하지만
눈도 있고 귀도 있는 하나의 인격체였다

함부로 주먹을 내밀어서는 안 된다
주먹은 스스로 살아내는 법을 알고 있다

내 안에 우물

죄 없는 부도를 맞았다
다 날렸다
감정마저 도륙 당했으므로 빈 항아리가 되었다

죽지 않고는 방법이 없어 찾았던 고향
동심의 위안에 넋 놓고 걷다 첨벙 물웅덩이를 밟았다
금세 흙탕이 되었다
나처럼 벼락 맞은 물웅덩이
한참을 헤매다가 다시 돌아와 물웅덩이를 보니
흙탕이었던 물이 다시 말갛다

다 내려놓은 것이다
아픔은 품고 있는 것이 아닌 버림으로
깨끗해질 수 있음 보여주고 있다
버린 만큼 더 많을 것을 품어낼 수 있다고
하늘이며 구름이며
앞산 소나무며 날아가는 새까지 품었다

시커먼 나까지 품고
등을 토닥이듯 일렁였다
가슴에 깊은 우물 하나
생겼다.

돌밭

강원도 밭은 돌밭
강원도 밭은 비탈밭
흙보다 돌이 더 많은 밭
돌 밑이 또 돌인 밭
아무리 주워내도 옥토가 되지 않는 밭
흙이 보이는가 싶다가도
소나기 한 번이면 다 쓸려가 버리는 비탈밭
씨앗 한 톨 온전히 품을 수 없는 돌 틈
비가와도 참지 못하고
거름마저 다 떠내려 보내는 돌밭
그래도 밤이면 낮에 달궈진 돌 틈 틈으로 떨어졌던
풀벌레 소리며 새소리로 안방처럼 분분한 밭
그래서 옥수수며 감자의 씨알이 굵어지면
토끼며 고라니며 산돼지가
허락도 없이 먼저 맛을 보는 밭
돌멩이 보기를 황금 보듯
요리조리 옮겨 놓으며
돌 틈으로 씨앗을 넣어야 하는 밭
달그락 달그락 호미질에
덜그럭 덜그럭
장단 맞추는 돌멩이들

사랑합니다. 망치

지금 와 생각해 보니 난 못이었다.
스스로 설 수 없는
혼자선 아무것도 할 수 없는 못
그분은 망치였다

망치를 맞는 못이 불꽃을 튀기듯
난 못대가리처럼 반항했다
그럴 때마다 나도 모르게 바로 섰고
더 깊이 박혔다.

불꽃이 일었던 그때
망치도 닳고 문드러졌다

이제 누가 흔들어도 뽑히지 않고
아무리 무거운 것을 걸어도
숚기거나 휘지 않은 못

사랑합니다. 망치

밥상

같은 밥
같은 국
같은 나물
같은 저녁 먹고
설거지하고 방 훔치고 걸레 빨고 양말 빨고 이불 펴는 동안
누구는 담배 한 대 꼬나물고 땅콩 먹으며 뉴스를 봤다
같은 매트
같은 이불에
같은 공기를 마시며 잤는데
아침 일찍 일어나 찬물에 더운밥 짓고 된장국 새로 끓이고
김치 썰고 두부 전부치고
모락모락 밥상 차리는 동안
수염 깎고 코털 다듬고 머리 감고 넥타이 고르고
양말 고르다가
겨우,
쇠스랑으로 두엄 파헤치듯 반찬을 뒤적거리는 동안
주스를 준비하며 밥상을 마무리하는 사람
몇 명의 손님과
잡담이나 하며 담배나 빨아대다가
몇 군데 거래처와 통화가 전부인 하루
삐뚤어지게 낮잠을 즐기는 동안
손목 부러지게 이불빨래 하고
쥐꼬리 봉급 자르고 쪼개 공과금 내고
하이에나처럼 으르렁거리며 재래시장 골목을 어슬렁거렸을,
그런 밥상, 밥상, 밥상 앞에서

투덜, 투덜, 투덜
꾸역꾸역꾸역 목으로 넘겼다.

외상장부

칠흑같이 어두운 밤이다
어둠이 옆구리를 쿡 찌르더니
느닷없이 외상값을 갚으라는 것이다
이날까지 돈도 안 내고 공으로 먹었으니
앞으론 돈을 내고 먹든지 쓰라며 엄포다
한시도 그냥 살 수 없는 공기며
햇볕 한 됫박도 값없이 마구 퍼 쓰지 않았든가
철마다, 내렸던 이슬이며
땅의 소산에 얼마를 지불했든가
어미감자가 제 몸을 썩히며 싹을 틔울 때 난 무엇을
하였다고 값없이 먹었는가?
바다가 물고기 등에 파도를 탁본하는 동안
무엇 했다고 잡아먹기만 했든가
한데 잠으로 알곡이 익히는 동안 밤마다 쿨쿨 잠만 자 놓고
주인처럼 먹었다
하늘이여
바다여
땅이여
나 돌아가는 날 소신공양으로
다 청산하고 갈 터이니
잘 적어 놓으시라.

나무

할 수 있는 것이라곤 고작해야 동그라미뿐이다
딱따구리가 구멍을 내고 새끼를 쳐 갈 때도
그저 동그라미 하나 품었을 뿐이다

고단한 날개들이 쉬었다 가면서도 정수리부터
똥을 갈겼을 때도
할 수 있는 것은 동그라미뿐이었다

엄동에 발등이 시려도 천둥에 번개 비바람이 몰아쳐도
한 발짝 꼼짝할 수 없었던
공포의 밤에도 우듬지로 그렸던 동그라미
꽃피고 그늘 지워주던 날
매미나 꾀꼬리가 노래를 불러주면
넓고 굵은 동그라미를 그렸고
옹이가 생기고 낙엽 지워야 했던 날도
그려야만 했던 그 동그라미

한번쯤 이건 아니라고 할 수도
있었지만
이제 비몽사몽 하는 과거 속에서도
동그라미 동그라미만
그리고 있는 어머니.

풍문

바람의 저울에 오른 이야기는
진실인지 거짓인지 알 수 없이 투명했지만
떨리는 문풍지처럼 무성했다
발 없는 말은 바람이어서
열려 있는 귀를 쫓아 척추를 세우고
꼬리를 흐느적거렸다

나뭇가지를 옮겨 앉는 새소리처럼
달콤하게 옮겨 다녔다
말은 구멍 난 주머니로 겨울바람처럼
가슴을 헤집고 들어 고드름으로 맺혔다가
떨어졌으므로 발등을 찍기도 했다
불티에 약한 창호지처럼
풍문은 구멍은 넓혔고
어슬렁어슬렁 황소가 들락거렸지만
누구도 막지 않았고 아무도 막을 수 없다

한기와 불길이 번갈아 지나가는 귓구멍으로
냉기가 들 때는 심장이 멎고
불길이 올 때는 호흡이 멎었다

소문은 가시덤불처럼 얽히고설키며
바람처럼 제 몸집을 키운다
풍문은 진실을 고사시켰다.

잠자리 꽃

오랜 가뭄 끝에 비가 온다
초목만 가뭄을 타는 게 아니어서
마음도 사막이 된다

오이 넌출은 배배꼬였고
나뭇가지만 덩그러니 서 있었는데
죽은 가지마다 동글동글 빗물이 맺힌다

꽃이다
비의 꽃이다
어쩌자고 죽은 나무에 꽃을 피우는지

하얗게 보이다가
투명하게 보이다가
세상을 다 품는다

가까이 보려니
성역을 간직하려는 듯
뚝, 지고 마는 꽃

아쉬워 돌아서려면 또 어느새
봉싯하게 부풀어 피는 꽃
오이 섶으로 부족하다 싶었던지 나뭇가지마다
무엇을 맺으려
저리 고운 꽃을 피우나 싶은데

한 슬음 바람 지난 뒤
잠자리 한 마리 동그마니 맺혔다
열매다.

오영록 시집
빗방울들의 수다

작품해설

시인·문학평론가 김 부 회

질박한 서정의 詩的 形象化에 대한 考察

글 김 부 회 (시인、문학평론가)

형상화라는 말이 있다. 추상적이거나 그 본질이 명확하지 않은 심상이나 현상에 대하여 자신만의 내적 성찰을 통하여 물상의 본질에 접근해 그 의미를 구체화하는 것을 말한다. 베일의 경계 너머 분명히 존재하지만 불투명하게 보이는 것의 외관과 내관을 본다는 것은 가려진 현상의 본질을 읽는 일이며 대상물의 속성과 불투명한 경계 모두를 내 기준으로 통찰하고 관찰하는 행위이다. 이는 함축과 비유로 대변되는 시 장르에서 매우 중요한 표현 방법 중 하나라고 볼 수 있을 것이다. 가령, '겨울은 외곽에서부터 무너지고 있다.' 라는 문장에서 외곽을 형성하고 있는 내곽의 존재와 내곽이 의미하고 있는 것, 내곽의 심중에 담긴 모든 목적물의 배후는 시인 각자의 경륜이나 관조, 사유와 세상을 보는 눈에 의해 얼마든지 달라질 수 있다고 말 할 수 있을 것이다. 통칭하여 시인이 포착한 시의 발화점들을 가닥가닥 풀어내 주체적인 시적 질감의 문장으로 표현하는 언술 행위를 포괄적인 의미의 시적 형상화라고 말할 수 있을 것이다.

인간은 생각하는 동물이라는 말처럼 우리의 Ego는 끊임없이 보고, 느끼고, 들은, 감각적으로 받아들인 것들에 대하여 사유를 할 수 있는 나름의 방을 갖고 있다. 그것은 전문적인 문학가나 시인, 예술가가 아니라도 개별의 방식으로 감각기관이 받아들인 정보에 대하여 자신만의 거름망으로 얼마든지 다른 각도에서 분석하고 성의 내릴 수 있다는 것이다. 또한, 그 분석이나 정의가 문학의 테두리 안에서 이루어진다면 그것을 언어의 형상화라고 할 수 있을 것이며 시의 경우로 한정해보면 시적 형상화라고 소분류 할 수 있을 것이다. 글과 말에는 단순하게 보이거나 읽히거나 들리는 것 이외에 다른 무엇이 반드시 존재한다. 겨울이라는 단어의 배후에는 계절이 있을 것이고, '추위'라는 온도에 대한 나름의 자각이 있을 것이며 추워질 수밖에 없는 환경이 존재할 것이며 어쩌면 동 시간의 타인은 더울 수도 있을 것이며 순환하는 환절의 시간은 거듭될 것이다. 그 다양한 원인과 이유와 생각을 자신의 눈으로 새롭게 재해석하여 분석을 통해 사유의 갈래를 특정의 이미지로 표방해 내는 것은 문학적 창조에 있어 가장 중요한 요소임을 부인할 수 없다. 같은 현상을 보고 다른 생각을 창출해 내는 것이야말로 시문학의 총화이며 시를 시의 본질에 맞게 그 질감을 재단하고 염색하여 시 옷을 걸치게 되는 것이야말로 시적 형상화 작업의 바른 길일 것이다. 가장 중요한 Key Word는 사물이나 현상에 대하여 다양하게 해석하거나 분석하여 좀 더 다른 세계로의 접목을 이끌어내는 것, 현상의 배후가 품고 있는 또 다른 현상에서 경계가 다른 현상으로의 전이가 자연스럽고 함축적일 때 적합한 은유가 만들어진다는 것이다. 이는 현대 시를 짓고 있는 모든 시인이 안고 있는 예술적 고뇌라고 볼 수 있다. 그 면면부절의 고통스러운 시간에 체득의 시간을 덧씌워 점층, 발현한 것이 시라는 예술작품이기에 형상화된 언어가 소통이나 공감의 매개체로 독자에게 유용한 감성적 자극이 되는 것이다. 단순하게 정리하면 주로 작품에서 화자가 하고 싶은 메시지 또는 나타내고 싶어 하는 정서, 사유, 느낌을 언어로 만들어진 이미지로 표현하는 것을 시의 형상화 방식이라고 정의 하여도 무방할 듯싶다.

김경주 시인은 '시의 재료는 시인 자신이다'라고 했다. 달리 말하면 시인 자신이 살면서 느끼고 체득한 감정과 사유의 재료를 자신만이 볼 수 있는 눈으로 재단하고 생각의 한 땀 한 땀을 공그르며 자신에게 가장 걸맞은 옷을 짓는 일이라고 할 수 있을 것이다. 문자가 만들어진 이후 말과 글자는 새로운 신세계의 문화를 형성하고 이치와 도리를 나누고 가르치면서 발전해 왔다. 말과 문자는 시의 재료이며 목적이며 동시에 수단이다. 둘은 인간의 역사와 문화에서 가장 큰 비중을 차지하는 것이며 관계와 관계를 만들며 사회를 구성하며 발전한 것이라 볼 수 있다. 문학 장르 중 시가 가장 아름다운 언술의 상위에 군림하게 된 것은 이러한 말의 전달체계가 사상과 철학을 서정이라는 가장 본연의 것을 이미지로 그려냈기 때문이라는 생각이다.

언어를 형상화한다는 것은 대단히 어려운 일이다. 계량화할 수 없는 언어를 화려한 물감이 없는 언어로 한 폭의 아름다운 그림을 그려내는 일은 밑그림부터 무수한 성찰의 시간이 소요되는 일이기에 감히 한 글자 한 글자를 속된 잣대와 눈 저울로 가늠하기 어려운 것이다. 또한, 그렇게 빚어진 자신의 시 세계를 대중 앞에 펼친다는 것은 벌거벗는 일이며 그것이 선행될 때 비로소 진솔한 소통이 되는 것이다. 소통의 범주에는 먼 기억 속 동네 골목과 아내와 어머니와 가족이 포괄적으로 존재할 것이며 그에 대한 아슴한 기억이 아련한 추억의 한 부분을 때론 풋풋하게, 때론 그리움이라는 이름으로, 때론 아쉬움과 반성이라는 이름으로 불현듯 다가와 나를 반추하게 되는 것이다.

오영록 시인의 시 세계는 분명하고 또렷한 영상이 있다. 그의 진박하고 소박하지만 다양한 언어의 물감은 마치 창포로 염색한 질감 같은 캔버스이기에 시인의 붓으로 그려진 하늘을 보며 시인이 본 하늘의 서사와 의미를 같이 공감할 수 있다. 시는 공식에 대한 검증이나 논리적인 추론으로 도출된 냉정한 판단력이 필요하지 않은 문학 장르라고 주장하기도 하지만 보이지 않는 그 속에는 분명 복잡한 공식이 필요 없는 명징한 검증과 냉정이 없어도 되는 아름다운 서정이 존재하기에 오랜 시간 독자에게 사랑받는 예술이 된 것이다.

오영록 시인이 온 힘을 쏟아 부어 그려낸 그의 그림, 언어의 절제와 다양한 서정의 붓을 들고 펼친 그만의 독특한 시 세계 앞에 가만히 귀 기울이다 보면 어느새 성큼 다가온 겨울 추위를 느끼지 못하는 나를 발견하게 된다. 늦가을의 한 때, 그가 그려내는 형상을 천천히 감상하는 것은 아름답고 멋진 일이라는 것을 알게 된다. 시인이 우리에게 나누어 주는 메시지에는 나와 너, 우리 모두의 어머니와 아내와 가족과 하늘과 이 땅의 숨결과 나와 다르지 않은 깊은 자책과 반성의 시간이 절절히 배어있다는 것을 어느새 발견하게 된다. 모성애와 같은 커다란 사랑과 감동을 아무 조건 없이 우리에게 내어주는 것, 글의 힘이다.

고등어자반

좌판에 진열된 간 고등어
큰놈이 작은놈을 지그시 껴안고 있다.

망망대해를 헤엄치던 수많은 인연 중
전생이 부부였던지 죽어서도 한 몸이다.
부부로 산다는 것이
고행임을 저들도 알고 있는지
겹으로 포개진 팔 지느러미로
고생했다고, 미안하다고
가슴을 보듬고 있다.

죽어서 이제야 이룬 온전한 부부의 연을
묵묵히 받아내는 모습이다.
배를 열어보니
아내처럼 텅 비어 있다.

마지막까지 온전히 보시해야

열반에 드는 것인지
소금사리
와스스 쏟아진다.

현대 사회는 이별을 연습하며 사는 것이 아니라 이별을 실행하며 사는 사회인 것 같다. 통계에 의하면 2015년도 우리나라의 이혼율은 약 30.8%라고 나와 있다. 연간 65,000쌍이 이혼하는 사회, 급기야 세계에서 이혼율이 가장 높다는 불명예를 걸머지게 되었다. 부부관계를 지칭하는 우리나라 말 가운데 가장 좋은 말은 백년해로라는 말이다. 사람과 사람, 타인과 타인이 만나는 것, 그 바탕에는 신뢰와 믿음과 사랑이라는 것이 존재한다. 하지만 살다 보면 부득이한 사정이 다반사이며 모종의 이유로 인하여 쉽게 갈라서기도 하지만 부부가 서로 힘든 것을 극복해 나갈 때, 그 뒷모습은 얼마나 아름다운지? 아쉽게도 현대 사회는 암울한 현실을 신뢰와 배려로 서로 극복하는 것이 아니라 필요와 당위성에 의하여 쉽게 이혼을 결정하는 것 같다. 이혼이 반드시 나쁘다는 것은 아니다. 다만, 좀 더 인내하고 배려하고 간난의 시간을 헤쳐 나가는 모습이야말로 사람과 사람의 관계, 좀 더 나아가 가족이라는 구성원 모두를 가장 이상적이며 조화롭게 만드는 아름다운 행위일 것이다.

좌판에 몸과 몸을 꼭 포개놓고 있는 고등어자반 한 손에서 부부를 보았다. 망망대해의 겨울 파도와 싸우며 살다, 죽어서도 포개고 있는 두 몸, 비로소 한 몸이 된 두 몸의 언어는 매우 진중하다. '고생했다고, 미안하다고' 서로의 지친 몸을 보듬고 있는 한 몸. 좌판 위의 고등어가 우리에게 주는 말은 간결하고 숭고하다. '배를 열어보니 아내처럼 텅 비어 있다.' 는 시인의 메시지는 우리에게 아내에 대한 사랑과 존중이라는 풍경화 한 폭을 고스란히 선물해 주고 있다. 한 없이 미안해하는 시인의 자책 앞에서 우리의 미래, 정확히 말해 부부의 미래에 대하여 감히 겸

손해지는 것이며 아내에 대해 한없이 미안해지는 것이다. 완벽한 것은 어디에도 없다. 완벽해지려고 노력할 때, 그 결과가 다소 미약해도 삶 앞에 경건해질 수 있다. 모두가 일등이 될 수 없는 법이며 꼴찌에도 만족할 수 있는 것이 사람 사는 일이다. 중요한 것은 진지한 태도와 낮은 자세로 구축된 상호 존중의 관계가 형성될 때 '백년해로'라는 완성된 삶에 가장 근접한 결과를 도출할 수 있는 것이라고 시인은 말하고 싶은 것이다.

마지막까지 온전히 보시해야
열반에 드는 것인지
소금사리
와스스 쏟아진다.

죽음 앞에서 초연한 사람은 없을 것이다. 하지만 겨우 자반고등어 한 손에 불과한 그들이 열반에 들고 있다. 죽으면서도 한 몸 보시하는 것이다. 와스스 쏟아지는 소금 사리로 표현한 짭조름한 '보시'에서 시인이 바라보는 세상의 눈이 참 따듯하다는 것을 배우게 된다. 시인이 말하고 싶은 부부의 모습에 대한 그의 시 한 편을 더 소개한다.

시장에서 산 꽈배기
비비 꼬인 모습이
꽉 껴안고 있는 부부 모습이다

서로 방향이 다는 끝과 끝이어도
서로에게 가슴을 내어주고 받아내며
하나가 됐다

「설탕 사리」 일부 인용

살면서 가장 먼저 떠올리게 되는 단어는 '어머니'일 것이다.

어머니라는 단어는 그 자체만 쓰여도 한 편의 완성된 시다. 늘 가시고기이며 그리움의 방점이며 삶의 종국에서 아련한 눈물을 흘리게 하는 어머니. 어머니는 내 삶의 여정에서 가장 중요한 동반자일 것이다. 시 〔고구마를 캐다〕를 천천히 읽다 보면 시인의 어머니와 우리의 어머니가 다르지 않다는 것을 알게 된다. 나와 너의 어머니는 대한민국의 모든 어머니와 맥을 같이 하고 있기에 무엇을 보든 시적 관찰이 아닌 맨눈으로 직시해도 어머니는 어머니다. 주말마다 농사일로 강원도로 향하는 시인은 고구마 농사를 짓다 어머니의 그림자를 발견했다. 호미질에 상처 난 고구마 줄기에서 하얀 진액이 흐르고 까맣게 내려앉은 딱지는 내 생명의 근원이라고 말한다. 태생부터 누군가의 희생을 안고 태어나는 인생, 시인과 시인의 어머니가 만들어낸 영상을 훔쳐보다 문득, 내가 한없이 부끄러워진다.

고구마를 캐다

송편 소로 캔 고구마
넝쿨과 붙어 있던 자리에서 하얀 진액이 흐르더니
이내 까맣게 딱지가 생기며 상처가 아물고 있다
어미와 막 헤어진 상처,
첫울음이 고여 있는 배꼽이다

나의 배꼽도 따라 욱신거리는 것이
나도 어머니가 있었다는 증거
탯줄이 잘렸을 그때
나도 저 고구마처럼 스스로 상처를 말렸을까
지극하기까시 기르고 자른 또 하나의 탯줄
심장 한 편에 고구마 진액처럼 말라붙은 딱지가
가끔 신경통처럼 욱신거렸다

이제 고구마를 캔 넝쿨은
둘둘 말려 밭둑에 버려졌다가 거름이 되거나
소나 말의 먹이로 쓰일 것인데
시들어 가는 넝쿨이
쪼그라든 어머니 젖꼭지 같다

송편 소를 보니
와스스 햇빛이 쏟아질 것 같다
이 빛을 모으기 위해
얼마나 어둠을 허둥댔을까
구멍 난 어머니 고무신 같은

가난한 시절의 어머니는 기둥이며 버팀목이며 하늘이었다. 하늘의 그물은 그 구멍이 크고 넓어도 무엇 하나 빠트리는 법이 없다. 하나하나 배앓이를 하며 낳았으며 못난 자식에게 한 숟가락을 더 주기 위해 당신은 두 숟가락을 굶으며 살았을 것이다. 고구마를 캐고 남은 넝쿨은 거름이 되거나 밭둑 길에 버려지거나 짐승의 먹이로 쓰일 것이라는 시인의 진술에서 평자는 할 말을 잃는다. 나의 어머니가 그랬고 너의 어머니가 그랬을 것이라는 공감과 세월에 기인한 아련한 서글픔, 그 배후에 박 속 같은 어머니의 잔잔한 미소. 달착지근한 송편 소의 재료인 고구마, 꽁꽁 언 땅속에서 겨울을 이겨내고 열풍의 여름을 견뎌냈을 고구마, 나의 어머니다.

얼마나 어둠을 허둥댔을까
구멍 난 어머니 고무신 같은

허둥이라는 단어가 만들어낸 형상, 구멍 난 어머니 고무신의 어감이 묘하게 나를 슬프게 한다. 시인이 그리워하는 궁극의 시선이 나와 다르지 않은 것을 기뻐해야 하는지? 반문하고 싶어진다. 세상 모두가 자식이고 세상 모두가 부모다. 하지만 결코 다 같지 않다는 것을 절감하게 하는 요즘의 사회가 심히 개탄스럽다. 노을의 한구석에서 홀로 낙엽을 태우고 계시던 구부정한 그림자가 낡은 시간에 겹친다. 어머니의 바가지는 늘 쌀 항아리 속을 박박 긁었다. 고즈넉한 달밤마다 창호지가 비추는 어머니는 늘 뭔가를 꿰매고 계셨다. 우린 그렇게 살아왔다. 그랬기에 '허둥'이라는 단어 앞에서 내 깊은 회한의 실루엣이 어머니를 몹시 그리워하는 것이다. 점점 낯설어지는 어머니의 등 그림자가.

그가 아쉬운 회한의 고백을 〔효자〕라는 시에서 솔직하게 자신을 드러내고 반성한다.

효자

고향 집에 홀로 계시던 팔순 노모
백 년 만의 혹한에
시내 누님 집으로 피난을 했다

보일러는 괜찮은지
수도는 괜찮은지
가끔 들러보면
누구를 기다리는 듯
항상 아랫목이 따스하다

언제 돌아올지 모르는 어머니를
보일러는
매일 밤
저 홀로
그렇게

웅웅

아랫목을
덥혀놓고 있었다.

「효자」 전문

살다 보면 문득, 삶의 뒤안길이 궁금해질 때가 있다. 주관적인 것보다 객관적인 내 모습이 궁금해진다. 나야 내 멋에 살아왔다지만 타인이 보는 나의 모습은 어떨지? 내가 나를 볼 때, 어떻게 살아왔는지? 반문해 볼 때가 있다. 오영록 시인은 얼마 전 할아버지가 되었다. 나의 자식이 또 그 자식을 낳았다는 것은 경이로운 일이면서도 한편 이 많은 세월이 지나도록 나는 무엇을 하며 살았는지? 자신이 자신을 성찰해보게 된다. 자신을 또 다른 자신 속 객관의 잣대로 가늠해 본다는 것은 매우 어려운 일이다. 자기 위안이나 변명을 위해 스스로 위증하는 어리석은 실수를 거듭하지 말아야 한다. 참회라는 말이 있다. 자기의 잘못에 대하여 반성한다는 말이다.

참회(懺悔)

참(懺)은 산스크리트어 ksama의 음역으로 용서를 청하는 것이며, 회(悔)는 ksama의 의역으로 후회하는 것을 말하는 것으로 남에게 용서를 청하는 것입니다. 그러므로 과거로부터 지어 온 잘못은 물론 현재 생활하고 있는 가운데 지은 모든 잘못과 허물을 뉘우치고 또 다시 잘못을 저지르지 않겠다고 부처님 앞에 맹세하는 것을 참회라고 합니다. 불교에서는 참회를 중요하게 생각합니다. 그것은 계(戒)라는 것이 다른 사람에 의해 규제되는 강제적인 것이 아니라 자기 스스로 다스리는 자율적인 것이기 때문에 자신을 속이는 일을 해서는 안 되기 때문입니다. 불교에서는 참회하고 나서 자신의 원을 세우라고 말하고 있습니다. 참회에서 가장 절실한 것은 내밀한 마음의 죄를 숨김없이 드러내고 용서를 청하는 겸허한 태도입니다. 이는 부처님께 향하는 거짓 없는 마음의 나타냄인 동시에 자비를 베푸는 부처님의 마음의 자리이기도 하다고 합니다. 남이 강제로 시킨다거나 남에게 보이기 위해서가 아니라 그 동안의 자기 자신을 거울에 비추어 보고 참된 자신으로 돌아가고자 하는 의욕이며 갈망이라고 합니다.

「한국 콘텐츠 진흥원 문화 콘텐츠 용어 사전」 일부 인용

참회록

호미로 쓴다.
어떤 날은 삽으로 쓰고
줄거리가 큰 날은 가래로 썼다.
남들은 경운기나 트랙터로 썼다.
어쩌면 그것은 더 아프게 하는 것 같아
난 괭이로 썼다.

고무래로 쓰고 써레로 쓰고
맨발로 쓰고 손바닥으로 쓰고
쓰기 싫은 날은 발바닥으로 어정어정 썼다.
써 놓고 무엇을 왜 썼는지 모르는 날도 있다.

가끔 변변찮은 것을 종달새가 읽어주기도 하고
까마귀가 쉬어가며 쓰라고 했지만,
오늘도 구불텅구불텅 썼다.

벌써 몇 년을 쉬지 않고 썼지만, 아직은
부족하여 북두칠성으로 쓰고 달로도 쓴 적도 있는데
그런 날엔 소쩍새가 제 마음대로 고쳐 쓰기도 했다.

지면을 가득가득 채운 날은
묵향에 취해 비틀거리기도 했다.

아무리 쓰고 또 써도
죄 없다 할 수 없어
손바닥 옹이 박히도록 쓴다.

농사를 직접 지어보지 않은 사람은 절대 농사를 묘사할 수 없다. 적당히 두루뭉술 묘사는 할 수 있다. 하지만 땅에서 채록한 언어는 절대 해석할 수 없다. 땅이 그려놓은 삶의 보물 지도를 讀圖할 방법이 없으니 그저 땅이라 쓰고 땅이라 읽는다. 시인의 참회록에는 땅의 이야기가 있다. 아니 땅을 손수 일궈야 배길 수 있는 손바닥의 옹이는 구불텅구불텅 그려놓은 삶의 건강한 옹이다. 읽어주는 독자가 하나 없어도 외롭지 않은 글짓기에 지나가던 까마귀가 귀 기울여주고 불어오는 바람이 땀을 식혀주었을 것이다. 글을 쓰는 그의 행위는 '아무리 쓰고 또 써도/ 죄 없다 할 수 없어/ 손바닥 옹이 박히도록 쓴다/는 진술에서 삶의 건전한 정당성을 확보한다. 그는 분명 매일 바싹 엎드려 일군 것은 분명 아닐 것이다. 비가 온다고 핑계를 대거나 덥다고 게으름을 피웠을 것이다. 하지만 그런 고백이 그를 더 질박하지만 진솔하고 질박한 그릇으로 만들었을 것이다. 오영록 시인의 땅에선 옥수수가 자라고 고구마가 삐죽 열매를 맺고 뜨거운 여름날 그가 흘린 땀방울이 用水가 되었다. 그의 땅에서 자식들이 태어나고 다 늙어 이제는 텅 빈 배를 가진 진실로 고운 아내가 살고 있을 것이며, 아련한 유년의 어머니가 있을 것이고, 자식이 낳은 손주가 있을 것이다. 그 땅을 일구기 위해 시인의 손바닥에 굳게 박힌 옹이의 개수를 세 본다는 것은 부질없는 짓이다. 참회는 나무는 설렁설렁 열매를 매달지 않는다. 백만 년의 겨울과 천만 번의 여름을 묵묵히 인내하고 견뎌내야 야무지게 뿌리내린 굵은 밑동 위로 달콤한 과일을 주렁주렁 달 수 있는 자격이 주어지는 것이다.

시인이 묶은 몇 편의 시가 오영록 시인을 전부 다 말한다고 할 수 없다. 문학적 가치 따위를 논할 계제가 아니다. 시는 문장으로 읽는 것이 아니라 문장의 배후에 깃든 마음을 읽고 공감하고 소통하는 것이다. 시가 그 자체로 하나의 생명을 가진 생명체다. 더불어 동반의 삶을 살아온 솔직한 기록이며 생각이며 성찰의 고백이기에 그의 시 〔참회〕 글자 그대로 참회일 것이다. 스스로 관대해지거나 자신을 美化해서는 절대 좋은 시가 될 수 없다. 글자 하나 문장 한 줄을 쓰고 고치고 형상화하기 위해 밤새 하얗게 불이 켜져 있었을 방 한구석에서 혼자 울고, 웃다 지쳐 잠들었을 하루와 하루, 시인에게 있어 삶은 그 자체가 시라고 할 수 있을 것이다. 시집을 덮으며 귀밑머리 희끗희끗해진 언덕 아래서 언덕 밑을 보며 나와 같은 모습으로 살지 말 것을 당부하거나 경계하는 그의 겸손한 글 속 그가 묘사한 시 시계의 어느 구석에 한껏 초라해진 나를 발견했다.

가을이 깊다. 평년보다 빨리 온 추위가 사뭇 차갑다. 온기가 필요한 날, 햇볕을 듬뿍 묻힌 그만의 붓으로 쓴 단단한 필법의 시가 참 따듯하다. 그가 형상화한 야무진 서체 속에 나 역시 그와 같은 모습으로 존재한다는 것을 깨닫게 한다.

출, 퇴근길 전철에서도, 후미진 골목의 가로등 아래에서도 시를 쓰는 오영록 시인, 그가 얼마나 시에 대하여 열정적이며 따듯한 시인인지 보여주는 우직한 인간미 넘치는 시 한 편을 소개하면서 감상 글을 맺는다.

박치기

박치기를 한다.
가슴이 차가운 사람하고
그래야 더 뭉클하다.

박치기를 하고 나면

딱딱하던 가슴도 와르르 무너지고
서늘하던 가슴도 따스해진다.

낯을 많이 가리는 가슴은
쉽게 허락하지 않는 것이 흠이지만
속으론 더 많은 가슴을 원하고 있다.

사랑한다는 말이 산지러울 때
존경한다는 말이 쑥스러울 때
변치 말자는 말을 꼭 하고 싶을 때
감사하다는 말이 간지러울 때
박치기를 한다.

쿵쿵 가슴이 울리도록
쿵쿵 가슴이 무너지도록
쿵쿵 가슴이 서로 바뀌도록

하면 할수록 따스해지는
가슴 박치기

오영록 시집

빗방울들의 수다

초판인쇄 2016년 12월 9일
초판발행 2016년 12월 12일

지은이 • 오영록
발행인 • 김유권
펴낸곳 • 오 늘

주　소 • 서울 구로구 구로동 609-24
한성상가 A동 209호
전　화 • 02-830-0905
등　록 • 제25100-2011-00061
인　쇄 • 영창 02-2273-3213
저자메일 • cy3213@hanmail.net

ISBN 978-89-969797-5-3

값 9,000원